Einsichten eines Pilgers im Himalaya

Einsichten eines Pilgers im Himalaya

Lama Anagarika Govinda

Dharma Publishing Deutschland

Die Deutsche Bibliothek - CIP-Einheitsaufnahme
Govinda, Anagarika:
Einsichten eines Pilgers im Himalaya / Lama Anagarika Govinda. - Münster: Dharma Publ. Deutschland, 1993
Einheitssacht.: Insights of a Himalayan pilgrim <dt.>
ISBN 3-928758-05-5

Originaltitel: Insights of a Himalayan Pilgrim

Umschlagfoto: Asia Access, Toronto, Kanada
Druck: WB Rieden
Printed in Germany
ISBN 3-928758-05-5
5 4 3 2 1

Allen Pilgern
auf dem geistigen
Weg gewidmet

Inhaltsverzeichnis

Illustrationen

Einführung

Lama Govinda (1898-1985) hat sich in der Geschichte des Buddhismus im Westen einen hervorragenden Platz erworben. Schon früh in seinem Leben interessierte er sich für den Buddhismus. Sein Interesse führte ihn aus seinem Geburtsland Deutschland nach Burma und Sri Lanka, wo er in der Tradition der Theravādins studierte und übte und sich als festen Wohnsitz eine ländliche Einsiedelei baute. Während der Teilnahme an einer Konferenz in Darjeeling in Nordindien nahm sein Leben eine unerwartete Wende. Bei einem Ausflug in die umliegenden Berge überraschte ihn im Himalaya ein Schneesturm, vor dem er sich in ein tibetisches Kloster flüchtete. Dort traf er seinen Guru Tomo Geshe und trat in eine neue Phase seiner Pilgerfahrt.

Während der nächsten fünfzig Jahre wurde der Himalaya zu seiner Heimat. Die Lamas und Klöster dieser Bergregion förderten seine Studien der buddhistischen Lehren und geistigen Übungen Tibets. Er nahm die indische Staatsbürgerschaft an und gründete im Kumaon Himalaya einen kleinen āsram für Studium und Meditation. Lama Govinda unternahm ausgedehnte Reisen nach Zentral- und Westtibet und bereiste 1948 den alten Pilgerpfad, der um den Berg Kailas führt. In den Höhlentempeln von Tsaparang in Westtibet entdeckte er kostbare Kunstwerke aus dem 10. Jahrhundert, von denen er und seine Frau Li Gotami mit großer Mühsal umfangreiche Aufzeichnungen machten. Ihre Gemälde von Tibet wurden in vielen großen indischen Städten ausgestellt, und die von Li Gotami aufgenommenen Fotos der Kunstschätze in Zentral- und Westtibet wurden als *Tibet in Pictures* herausgegeben (Dharma Publishing, 1979).

In seiner Einführung zu *Tibet in Pictures* weist Lama Govinda auf die Tiefe des in der buddhistischen Tradition Tibets entwickelten Wissens hin und betont seinen großen Wert für den Westen.

> Und hier kommen wir zu dem Problem der heutigen Zeit: Wir haben gelernt, die Kräfte der Natur zu beherrschen, aber es ist uns immer noch nicht gelungen, uns selbst zu beherrschen, unser inneres Leben, unsere psychischen und geistigen Kräfte, kurz, die latenten Fähigkeiten unseres tieferen Bewußtseins, die schließlich die Welt, in der wir leben, geschaffen haben sowie alles, was wir in Form vielfältiger Zivilisationen erreichten. Diese Fähigkeiten erlauben uns, die grundlegende Einheit alles Lebens zu erkennen, die gegenseitigen Verbindungen aller Völker und Zivilisationen so-

wie das letztliche Einssein der Menschheit. Sie ermöglichen sogar unseren Sieg über die Kräfte der Natur. Aber wir verstehen diese Fähigkeiten nicht.

... Tibet entschloß sich, (diese) Kräfte der inneren Wahrnehmung zu fördern und zu entwikkeln, die den Ursprung aller Kultur, alles Wissens und aller Errungenschaften der Menschheit bilden. Wenn ein Mensch nicht in der Lage ist, diese Kräfte in seinem eigenen Inneren zu koordinieren, zu vereinen und schließlich zu integrieren und dadurch ganz zu werden, wie kann er dann erwarten, eine harmonische und vereinte menschliche Welt zu schaffen? So sahen die Tibeter das Problem der Zukunft der Menschheit, ein Problem, mit dem wir heute weltweit konfrontiert sind.

Nach 1959, zu einer Zeit, als der tibetische Buddhismus im Westen nahezu unbekannt war und Invasionen sogar sein Überleben gefährdeten, verstärkte Lama Govinda seine Bemühungen, dem Westen den großen Wert dieser Tradition verständlich zu machen. Sein erstes Buch, *Grundlagen Tibetischer Mystik*, fand bei allen, die sich für Religion und Buddhismus interessierten, einen großen Leserkreis und weckte aufmerksames Interesse für seine weiteren Werke: *Die psychologische Haltung der frühbuddhistischen Philosophie, Der Weg der weißen Wolken, Schöpferische Meditation und Multidimensionales Bewußtsein,* sowie *Der Stupa.*

Lama Govindas Vorträge in Amerika und Europa trugen maßgeblich dazu bei, den tibetischen Buddhismus zu entmystifizieren und seine praktischen Lehren über den Geist und geistige Entwicklung bekanntzumachen. Durch seine Gegenwärtigkeit, sein Mitempfinden und seine innere Kraft war er Tausenden ein lebendiges Beispiel für die transformierende Kraft dieser Lehren, unter anderem auch für eine Versammlung im Vatikan, wo er auf Bitten des Papstes eine Rede hielt. Die letzten Jahre seines Lebens verbrachte er etwas nördlich von San Francisco in Mill Valley, Kalifornien. Während der 70er Jahre hielt er mehrere Vorträge am Nyingma Institut in Berkeley. Außerdem schrieb er Artikel für *Crystal Mirror* und die Zeitschrift *Gesar* und arbeitete mit Mitarbeitern von Dharma Publishing an der Herausgabe von *Tibet in Pictures*.

Einsichten eines Pilgers im Himalaya ist eine Geste der Wertschätzung für Lama Govinda und seine bahnbrechenden Bemühungen, den Wert des tibetischen Buddhismus dem Westen nahezubringen. In diesem Buch befinden sich Aufsätze, die in *Crystal Mirror, Gesar* und *The Middle Way* erschienen sind, sowie andere Artikel, die er auf Deutsch verfaßt hat. Wir danken Ven. Advayavajra, dem Präsidenten der Lama und Li Gotami Stiftung, für seine Erlaubnis, das in diesem Buch veröffentlichte Material herausgeben zu dürfen und für seine sorgfältige Durchsicht des Manuskripts.

Lama Govinda, ein überzeugender Fürsprecher der inneren Pilgerfahrt, die das „grundlegende Wunder" der Verwirklichung entstehen läßt, definiert den wahren Pilger als einen Menschen, der seiner oder ihrer inneren Stimme nach Wahrheit folgt. Zwar kann der Weg von Mensch zu Mensch ein wenig unterschiedlich sein, aber das Gehen des Weges beinhaltet, sich völlig dem Prozeß innerer Erforschung auszuliefern. In seiner mitempfindenden Verkörperung dieses Weges war Lama Govinda ein Beispiel des „Pilgers im Himalaya". Seine Hingabe und sein Mut leuchten durch diese Sammlung von Aufsätzen und inspirieren alle, die sich auf die Pilgerfahrt begeben.

Vorwort zur deutschen Ausgabe

Lama Govinda verfaßte die meisten der in diesem Band enthaltenen Artikel auf Deutsch. Abgesehen von einigen geringfügigen Angleichungen an die heute üblichen Regeln der Interpunktion wurden sie unverändert übernommen. Die Artikel *Pilger und Klöster im Himalaya, Meditation, Mudrā und Maṇḍala* sowie *Die Bedeutung von Vaiśākha* schrieb Lama Govinda im Original auf Englisch. Sie wurden vom Übersetzerteam des Verlags Dharma Publishing Deutschland ins Deutsche übertragen, unterscheiden sich aber - durch die Übersetzung bedingt - im Stil etwas von den übrigen Artikeln. Auch die Zusammenstellung der Dharma-Begriffe im Anhang wurde vom Verlag angefertigt.

Wir hoffen, daß dieses Buch dazu beitragen wird, das umfangreiche Wissen dieses hervorragenden Wegbereiters des Buddhismus im Westen einem weiten Leserkreis zugänglich zu machen.

Teil 1

DER PFAD DER WAHRHEIT

Pilger und Klöster im Himalaya

Um die Größe eines Berges wahrnehmen zu können, müssen wir Distanz von ihm halten; um seine Form in uns aufzunehmen, müssen wir ihn umwandeln; um seine Stimmungen zu erleben, müssen wir ihn zu allen Tages- und Jahreszeiten beobachten: bei Sonnenaufgang und Sonnenuntergang, zur Mittagszeit und in der Stille der Nacht, an trüben Regentagen und unter blauem Himmel, im Winterschnee und im Gewittersturm. Wer den Berg in dieser Weise kennenlernt, kommt seinem Wesen nahe, das ebenso intensiv und vielfältig ist wie das eines Menschen.

Der Weg der weißen Wolken

Der Himalaya ist nicht nur das höchste und mächtigste Gebirge der Erde - Ehrfurcht gebietend allein schon durch seine Ausdehnung -, sondern ist auch eine Begegnungsstätte der ältesten und spirituell fortgeschrittensten Zivilisationen der Erde. Wie ein gewaltiger Magnet, so scheint es, zog der Himalaya das Beste an, was dahingeschwundene Zeitalter und

Kulturen zu bieten hatten. Indem hier die Weisheit und Kunst vieler Nationen und Zeiten miteinander verschmolzen, gewährte ihnen dieses Gebirge Zuflucht in schützenden Tälern und in den festungsgleichen Hochebenen.

Obwohl die Berge den physischen Kräften und weltlichen Ambitionen von Königen und Eroberern entgegenwirkten, so waren sie doch kein Hindernis für den Austausch spiritueller Errungenschaften noch für die Pflege und Erhaltung alter Traditionen. Ganz im Gegenteil: sie wirkten wie ein siebender, selektiv-auswählender und reinigender Faktor, der die Spreu vom Weizen, das schlackehaltige Erz vom Gold und das Triviale, Oberflächliche vom Echten trennt. Die Berge sind somit eine Herausforderung für den menschlichen Geist und nur diejenigen, die die Stärke und Ausdauer aufbringen, sich einer solchen Herausforderung zu stellen, können in dieser Welt überleben.

Die Herausforderung der Berge ist eine doppelte. Einerseits zeigt sich die Natur in einer solch faszinierenden Schönheit und Erhabenheit, daß die Schöpfungen von Menschenhand im Vergleich dazu klein und bedeutungslos erscheinen. Andererseits offenbart die Natur ihre wilden und zerstörerischen Kräfte, die eine Herausforderung jeglicher menschlicher Existenz sind.

Aber je mehr der Mensch gegen die widrigen Kräfte der Natur kämpfen muß, desto größer ist die Intensität seines inneren Lebens und seiner schöpferischen

Phantasie. Um die starken Einflüsse der äußeren Welt auszugleichen, muß er seine eigene innere Welt ausbauen. Dies geschieht jedoch nicht auf eine gänzlich unabhängige oder willkürliche Weise, sondern im Einklang mit bestimmten Gesetzen. Je tiefer ein Mensch in sich hineinschaute, desto stärker wurde ihm bewußt, daß diese Gesetze dieselben sind, die auch den Rhythmus der Berge, die ewigen Lieder der Bäche und Wasserfälle, die Gewalt der Schneestürme und die stille Schönheit von Schnee und Wolken hervorbringen. Und diese Entdeckung war es, die dem Menschen die Stärke gab, die zweifache Herausforderung der Natur anzunehmen und den Himalaya zu einem Wohnsitz von Heiligen und Weisen zu machen, einem Zufluchtsort für diejenigen, die Wahrheit und Schönheit, körperliche und geistige Gesundheit suchten.

Der tiefgründige Parallelismus von Körper und Seele, spirituellen und Naturgesetzen, von inneren und äußeren Kräften kann nirgendwo direkter erfahren werden als in den Bergen, und von allen Gebirgen nirgendwo mehr als im Himalaya, wo durch Tausende von Jahren menschlicher Hingabe eine Atmosphäre und eine Tradition entstanden sind, die unvergleichbar in der Welt ist. Diese Atmosphäre der Hingabe ist älter als jede institutionalisierte Religion oder jedes Dogma, obgleich manch religiöser Glaube aus ihr entstanden sein mag und viele Systeme religiöser Interpretationen sie überlagert haben mögen.

> In den ältesten Religionen war alles lebendig, nicht übernatürlich, sondern ganz natürlich lebendig. . . . Die gesamte Lebensbemühung eines Menschen bestand darin, sein Leben in Berührung mit dem urgewaltigen Leben des Kosmos, des Lebens der Berge, der Wolken, der Blitze, der Luft, der Erde und der Sonne zu bringen. Es ging darum, einen unmittelbar *erfahrenen* Kontakt herzustellen und so Energie, Kraft und eine verborgene Art der Freude zu erlangen. Diese Bemühung, in einen völlig unmittelbaren Kontakt, *ohne einen Vermittler oder Mittelsmann,* zu kommen, ist die ursprüngliche Bedeutung der Religion.
>
> D. H. Lawrence

Nur eine solche Religion ist wirklich universell, und wenn es etwas Charakteristisches für die geistige Weltanschauung der Menschen im Himalaya gibt, so ist es diese uralte und universelle Religion, die wie ein gewaltiger Strom durch alle verschiedenen Glaubensrichtungen und Traditionen fließt. Es ist dieser unmittelbare Kontakt mit dem elementaren Leben des Kosmos (den wir in unserer intellektuellen Selbstgefälligkeit und Kurzsichtigkeit als „primitiven Animismus" abzutun versuchen), den Tausende von Pilgern Jahr für Jahr in den heiligen Bergen des Himalaya in Gestalt religiöser Überzeugungen und Symbole suchen.

Von allen Pilgerfahrten im Himalaya gilt diejenige zum Berg Kailas, der im Transhimalaya liegt, für Hindus und Buddhisten in gleicher Weise als höchste und heiligste und mag deshalb als ein typisches Beispiel dienen. Ob vom Kailas als „dem Thron der Götter" und „dem Sitz von *Śiva* und Parvati" gesprochen wird oder als dem „Maṇḍala der Dhyáni-Buddhas und Bodhisattvas" oder als „dem Berg Meru", dem spirituellen und mythischen Zentrum unserer Welt: das Faktum, was hier in der Symbolsprache unterschiedlicher Traditionen seinen Ausdruck findet, ist die Erfahrung einer höheren Realität, die durch eine ungewohnte Verknüpfung von natürlichen und spirituellen Phänomenen vermittelt wird, denen sogar diejenigen, die von einem religiösen Glauben unbeeinflußt sind, sich nicht entziehen können.

Wie ein gigantischer Tempel erhebt sich der Kailas in regelmäßigen horizontalen Absätzen völlig symmetrisch und bezeichnet den Mittelpunkt des „Daches der Welt", das Herz des größten Tempels, den Sitz und das Zentrum kosmischer Kräfte, die Achse, welche die Erde mit dem Universum verbindet, die Super-Antenne, die die spirituelle Energie unseres Planeten aufnimmt und abgibt.

Der große Rhythmus der Natur durchdringt alles, und der Mensch ist darin eingebunden. Seine Vorstellungskraft unterliegt nicht mehr der individuellen Phantasie; sie wird zu einem Instrument all der Kräfte, die die Bewegung von Sonnen und Planeten, Ozeanen und Kontinenten, Winden und Wolken regieren. Die Vorstellungskraft wird hier zu einem adäquaten Ausdruck der Realität auf der Ebene menschlichen Bewußtseins. Hier erscheinen dem Pilger wieder die

Götter, die in den unterbewußten Bereichen des menschlichen Geistes Tausende von Jahren verborgen waren und die in der Erinnerung nur noch als bloße Schatten und Phantome existierten. Während der Pilger ihre Stimmen hört und ihr strahlendes Leuchten erfährt, weiß er, daß er sie in seinem ganzen Leben niemals wieder verlieren kann, weil er dem Ewigen ins Antlitz geblickt hat.

So sieht sich der Pilger von vielen subtilen Einflüssen umgeben, die in Übereinstimmung mit verschiedenen religiösen Traditionen als Gegenwart göttlicher Kräfte beschrieben wurden. Unabhängig vom Ursprung oder der Definition dieser Kräfte, besteht jedoch kein Zweifel daran, daß in diesen hochgelegenen Regionen, und insbesondere in der Nähe dieser seit langen Zeiten verehrten Pilgerorte, eine ungewöhnliche Transformation des Bewußtseins stattfindet. Man wird empfänglich und offen für neue Realitäten, kurz gesagt, die intuitiven Fähigkeiten des Geistes werden erweckt und stimuliert.

So nutzen viele Menschen, die den Ruf eines Lebens religiöser Hingabe und Meditation in sich vernahmen, die in diesen idealen Bedingungen liegenden Vorteile: einige als Einsiedler in einsamen Höhlen und Einsiedeleien, andere in kleinen Gruppen oder monastischen Gemeinschaften. Letztere entwickelten sich besonders durch die stark organisierte Form des tibetischen Buddhismus, der seinen Einfluß über den größten Teil des Himalaya und weit über die Grenzen

Tibets geltend machte: von Ladakh im Westen bis nach Bhutan im Osten.

Während die Heiligtümer der Hindus oder jene örtlicher Gottheiten - entsprechend der mehr individualistischen und deshalb weniger organisierten Form des Hinduismus - im allgemeinen nur aus einzelnen Tempeln und am Straßenrand gelegenen Schreinen bestehen, sind buddhistische Klöster, wo immer man sie antrifft, zu einem vorherrschenden Charakteristikum für die Menschen und die Natur im Himalaya geworden. Sie dominieren nicht wie etwas, das der Umwelt aufgedrängt wurde, sondern eher wie etwas, das aus ihr entstanden ist.

Zwischen diesen Bergen und den Klöstern besteht eine tiefe innere Beziehung. Sie verkörpern tatsächlich den Geist des Himalaya. Was Berge und Klöster gemeinsam haben, ist ihre Größe, ihre Einfachheit, ihre Stärke und ihre Unnahbarkeit. Die sich neigenden Konturen der mächtigen Berge wiederholen sich in den nach unten schräg abfallenden Mauern der massiven Architektur.

Die innere Beziehung zwischen Mensch und Natur kommt nirgendwo deutlicher zum Ausdruck als in diesen gewaltigen Zitadellen des Glaubens, den Klöstern im Himalaya.

Stolz isoliert auf vom Winde gepeitschten Gipfeln, inmitten wilder Landschaften, erscheinen tibetische Gompas (Klöster), fast aggressiv, als würden sie unsichtbaren Feinden nach allen vier Himmelsrichtungen Trotz bieten. Oder aber, wenn sie zwischen zwei Gebirgsketten kauern, haben sie oft den Ausdruck von Laboratorien, in denen okkulte Kräfte manipuliert werden. Diese zweifache Erscheinungsweise entspricht einer bestimmten Realität. Die schwierige Eroberung einer Welt, andersartig als die durch die fünf Sinne wahrgenommene, wo vielmehr transzendentales Wissen, mystische Erkenntnisse, Beherrschung okkulter Kräfte die Ziele des Strebens sind, für die die hochragenden lamaistischen Zitadellen gebaut wurden, wie auch jene rätselhaften Städte, versteckt im Gewirr schneebedeckter Berge.

Alexandra David-Neel

Immer wenn Schönheit, Einsamkeit und Erhabenheit eine Atmosphäre der Ehrfurcht und der religiösen Inspiration erzeugen, wird man ein Heiligtum, eine Einsiedelei oder ein Kloster finden. Viele wurden von Mönchen und Mystikern gegründet, die sich in Höhlen zurückzogen, um in der Ruhe und Reinheit der Natur zu meditieren. Später wurden diese Höhlen dann vergrößert, mit Wandmalereien verziert und in Tempel umgewandelt, neue Wohnstätten wurden um sie herum errichtet oder in das gewachsene Gestein gehauen, bis schließlich ganze Klöster daraus entstanden.

An anderen Orten bauten die Schüler eines Einsiedlers ihre Hütten um die ihres Gurus herum. Sie benutzten entweder den hochragenden Gipfel eines einzelnen Berges oder die Spitze einer einzelstehenden Felsformation, und im Laufe der Zeit entstanden daraus größere und stattlichere Gebäude. Wo die Bedingungen günstig waren, wurden Tempel und Bibliotheken, Versammlungshallen, Hofplätze, Lagerhäuser und Wohnstätten für Schüler und Gäste hinzugefügt; und schließlich entstanden ganze Klosterstädte, in denen Hunderte und in einigen Fällen sogar Tausende von Mönchen lebten.

Eine dritte Art der Klostergebäude wurde in die Vorderseite von Steilklippen geschlagen. Alle Tempel, Wohnstätten, Gänge, Treppen usw. sind in das gewachsene Gestein geschlagen und nur Veranden und Fenster, manchmal mit kunstvollen Schnitzereien verziert, sind von außen erkennbar. Einige dieser Felsenklöster haben sorgfältig ausgearbeitete Fassaden mit Balkonen und hervortretenden Dächern und anderen architektonischen Verzierungen, wodurch die gesamte Struktur wie ein hoch über dem Tal im Gestein hängendes Schwalbennest aussieht.

Diese Klöster sind die wichtigsten kulturellen Quellen, die Stützpunkte der Zivilisation in der ungezähmten Wildnis des inneren Himalaya, und das bis weit hinaus in den Transhimalaya. Sie sind die Festungen der Menschen gegen die feindseligen Kräfte der Natur. Und dennoch sind sie, wie wir bereits erwähnt haben, die Vervollkommnung der Natur auf einer höheren Ebene, da sie mehr als alles andere deren Geist ausdrücken. Darin besteht ihre architektonische Größe.

Obwohl die tibetisch-himalayische Architektur einfache Materialien benutzt, ist sie von großer Wirkung und oft von monumentaler Größe, wie der Palast der früheren Könige von Westtibet in Leh oder einige der großen Klöster in Ladakh, Spiti, Lahaul und anderen Ländern des Himalaya. In den südöstlichen Gebieten des Himalaya sind ähnliche architektonische Formen kombiniert mit schrägen und spitzen Holzdächern verwendet worden, die für das mehr feuchte Klima geeigneter sind.

Ihnen allen gemeinsam ist, daß sie Festigkeit, Stärke, Massivität und monumentale Größe betonen. Sie versuchen, die Festigkeit und Gewichtigkeit der Materie zu unterstreichen. Dieses Ziel wird ästhetisch nicht nur durch den Gebrauch schräg abfallender Linien für Mauern und Fenster erreicht, sondern auch durch die Betonung der Kanten ihrer flachen Dächer durch ein dunkles, rotbraunes Gesims, das eine starke horizontale Linie bildet (wie ein vorstehender Deckelrand) und das die weißen oder leicht ockerfarbenen Mauern eindrucksvoll vom dunklen Blau des Himmels trennt. Wo sich, wie bei den meisten großen Klöstern, Gebäude terrassenförmig erheben, ist dieses rotbraune Gesims wie die Unterbrechung in einem anwachsenden Rhythmus, in dem sich ein Gebäude wunderschön vom nächsten abhebt. Dasselbe architektonische Mittel, das ausschließlich den Klöstern vorbehalten ist, wird für das schmale dachähnliche Gesims über jedem Fenster, jeder Veranda und über den Haupteingängen der klösterlichen Gebäude benutzt.

Man kann gewiß sagen, daß diese Architektur ein Maximum an Wirkung mit einem Minimum an Baumaterialien und technischen Hilfsmitteln hervorgebracht hat. Sie hat etwas derart Mächtiges und Prächtiges erschaffen, daß es Menschen aller Rassen und Zeiten anspricht. Es ist wahrhaftig eine zeitlose Architektur, die der Pilger im Himalaya stets mit den ewigen Gipfeln und dem tiefen Frieden dieser weit abgelegenen Regionen in Zusammenhang bringen wird. Er wird die Erinnerung an diese geheimnisvoll herausfordernden Zitadellen des Glaubens hegen, in denen das Streben der menschlichen Seele einen solch vollkommenen Ausdruck erlangt hat, und wird ihre Herausforderung wie einen Talisman in seinem Herzen bewahren, bis er sich vielleicht eines Tages selbst auf dem Weg zur Verwirklichung seines hohen Zieles wiederfinden wird.

Hinduismus und Buddhismus

Viele Leute glauben heute, daß der Buddhismus eine Art Reformbewegung innerhalb des Hinduismus ist, und werfen dann beide Religionen in einen Topf. Doch die Wirklichkeit sieht anders aus: Jede der beiden Religionen entwickelte sich aus einer grundverschiedenen Wurzel indischer Geistigkeit.

Wenn wir heute den gewaltigen Strom der gesamtindischen Tradition betrachten, der aus dem Dunkel vorgeschichtlicher Zeit in die Gegenwart strömt, so erkennen wir, daß der Buddhismus - wie auch der Jainismus - aus einer Quelle floß, die für mehr als ein Jahrtausend indo-arischer Vorherrschaft untergründig sprudelte, bis sie im 6. Jh. v. d. Zeitr. wieder voll zur Oberfläche durchbrach, um dann *neben* dem indoarischen Brahmanismus den ihr gebührenden Platz einzunehmen: zwar nicht in völliger Opposition, doch deutlich sich in ihrer Verschiedenheit und Unterschiedlichkeit davon absetzend. Und wenn wir das verstehend bejahen, was der Buddha uns lehrte, müssen wir diese Unterschiedlichkeit klar sehen.

Zunächst aber müssen wir uns vergegenwärtigen, daß im sechsten vorchristlichen Jahrhundert nichts bestand, was man „Hinduismus“ nennen könnte - selbst der Begriff „Hinduismus“ wurde erst im 12. Jh. von den muslimischen Eroberern geprägt, die die Menschen, die jenseits des Flusses Sindhu lebten, „Hindus“ nannten und mit „Hinduismus“ eine generelle Bezeichnung für den Glauben der Menschen auf der anderen Uferseite des Sindhu schufen.

Nun gab es in Indien zu keiner Zeit nur *eine* Religion. Und wie es dort Sprachen und Dialekte, die in die Hunderte gehen, gibt, so kann man auch Hunderte von religiösen Gruppierungen dort unterscheiden. „Hinduismus“, wie wir ihn heute kennen, ist in der Tat ein Sammelbegriff für die verschiedenen, sich im Laufe der Jahrhunderte entwickelnden Religionen Indiens, die zur Zeit des Buddha zum großen Teil noch nicht bestanden. Der Hinduismus, wie er uns heute in der Fülle seiner Formen entgegentritt, ist das Produkt einer Verschmelzung von Brahmanismus, Buddhismus, Jainismus und vielen anderen Kulten und Sekten. Und wenn wir über „Hinduismus“ reden wollen, müssen wir uns zunächst immer klarmachen, über welche Richtung wir sprechen wollen: den Śaivismus, den Śaktismus oder den Vaiṣṇavismus in seinen unterschiedlichsten Formen oder über die *Advaita*-Philosophie des *Śaṅkarācārya*, um nur ein paar der bekanntesten Richtungen zu nennen.

Neben diesen Formen indischer Religiosität gibt es im heutigen Indien Muslime, Parsen, Christen und selbst Juden, deren älteste Gemeinde seit dem ersten nachchristlichen Jahrhundert in Malabar ansässig ist. (Es ist interessant, daß diese, als sie vor einigen Jahrzehnten versuchten, nach Israel zurückzukehren, von dort bald tief enttäuscht zurückkamen, weil sie die Menschen dort als völlig fremd empfanden: die Juden Indiens hatten ihre alte Tradition, die sie von der gegenwärtigen Generation im Westen aufgewachsener Juden so verschieden fühlen ließ, daß sie sich nicht in eine solche Gemeinschaft einpassen konnten. Das aber macht zugleich deutlich, daß Indien eine besondere Art des Umgangs mit Menschen, die sehr verschieden voneinander sind, hat, und zwar aufgrund einer großen Toleranz für unterschiedliche religiöse Anschauungen).

Doch kommen wir nun auf unser Thema zurück: während weite Kreise in Europa, und auch viele der Wissenschaftler des Westens, in diesem Jahrhundert meinten, daß der Buddhismus eine Reformbewegung innerhalb des Brahmanismus gewesen wäre, dachten die Forscher des 19. Jh. vorwiegend an ein ähnliches Verhältnis zwischen Buddhismus und Brahmanismus, wie es zwischen Christentum und Judentum bestand. Sie gingen davon aus, daß zur Zeit des Buddha die Mehrzahl der Menschen Indiens sich zur vedischen Religion bekannte und daß es daher nur zu selbstverständlich sei, daß der Buddha seine Lehren und Ideen der brahmanischen Religion entnommen habe. Diesen Standpunkt vertreten heute noch so gelehrte Philosophen wie der frühere indische Staatspräsident und Professor für Philosophie Dr. Radhakrishnan und seine Schüler, der der Meinung war, der Buddhismus sei nur eine spezifische Abart des Hinduismus. Doch das ist eine sehr unwissenschaftliche Betrachtungsweise, da wir heute sehr viel mehr über jene historische Periode wissen und sehen, daß damals verschiedenste Religionen neben dem Brahmanismus bestanden, die nicht offiziell anerkannt wurden, da die vom Norden her eingefallenen Arya die Urbevölkerung, die eine hohe Kultur besaß, ja, wahrscheinlich eine höhere Kultur als ihre Eroberer, unterdrückten.

Da die Geschichte zeigt, daß Eroberer von Völkern einer höheren Kultur relativ schnell ihre Identität verlieren, versuchten die Indo-Arier sich durch ein Sozialsystem zu schützen, das jeden ausschloß, der sich nicht zu ihrer Gesellschaft und Religion bekannte. Wie auch in Griechenland führten sie konsequent das Kastensystem ein, was Menschen einmal nach ihrer Hautfarbe *(varṇa)* und zweitens nach ihren Berufen *(jati)* unterschied. *Jati* bedeutet eigentlich Familie, denn der Sohn mußte den Beruf des Vaters aufnehmen, ob er dafür qualifiziert war oder nicht: wer als Brahmane geboren wurde, *war* Brahmane, und wer von Geburt *Śūdra* war, blieb ein *Śūdra*. Die aber, die weder zu der einen noch der anderen Kaste gehörten, d.h. die Urbevölkerung unterer Schichten, waren die Kastenlosen, denen keine wirkliche „Existenz“ zukam. Diese Trennung ging so weit, daß, wenn auch nur der

Schatten eines Kastenlosen auf einen Brahmanen fiel, dieser sich beschmutzt und verunreinigt vorkam. Die Kastenhindus hatten spezielle Signale, die den Kastenlosen kundtaten, daß sie den Hauptweg zu verlassen und sich seitlich so zu verhalten hatten, daß Kastenhindus beim Vorbeigehen nicht durch ihren Anblick verunreinigt würden. Heute versucht die indische Regierung, die Kasten-Vorurteile und -Unterschiede zu beseitigen, stößt aber auf Widerstand in den Dörfern, wo Brahmanen und Kastenlose noch immer aus anderen Brunnen ihr Wasser holen. Es ist halt schwierig, jahrtausendealte Bräuche und „Ordnungen" zu durchbrechen.

Doch das Kastensystem war nur *ein* Pfeiler der vedischen Religion. Die zweite Säule war *„yajña"* oder Opfer. Nur wer zu den höheren Kasten zählte, konnte ein Opfer durchführen - alle anderen waren ausgeschlossen. Die rituelle Ausführung war den Brahmanen vorbehalten. Da nun dem Opferkult eine alles überragende Bedeutung - wie bei allen arischen Völkern - zuerkannt wurde, und die ganze gesellschaftliche Struktur sich darauf aufbaute, nutzte die Brahmanenkaste natürlich ihre Vorteile aus. So mußten sich selbst die Könige vor Brahmanen verneigen, wenn diese die Opfer ausführten. Und diese Opfer waren meist Opferungen lebendiger Wesen, so daß die Vorstellung von *ahiṃsā* (Nicht-Gewalt, Nicht-Verletzen), die so charakteristisch für Jainismus, Buddhismus und den heutigen Hinduismus ist, den Veden völlig unbekannt ist: die vedischbrahmanische Religion kannte die Konzepte der *ahiṃsā* nicht.

Es war Gandhi, der die Idee der *ahiṃsā* dem indischen Volk in unseren Tagen wieder nahebrachte, sie popularisierte und der seine ganze Weltanschauung auf *ahiṃsā* gründete. So ergibt sich wie von selbst die Frage, wann in der indischen Geschichte diese Idee erstmalig auftauchte. Denn solche Vorstellungen fallen nicht vom Himmel: sie bleiben lange Zeit im Hintergrund, bis ihre Zeit reif ist.

Drei religiös-philosophische Bewegungen Indiens, die älter als der Buddhismus sind, hatten sehr früh schon die Achtung vor allem Leben - d.h. *ahiṃsā* - zu ihrer Ethik gemacht: die Bewegung der *Śramaṇas,* der *Jainas* und der *Śānkhya*-Denker.

Die *Jainas* gehen auch heute noch in ihren strengeren Schulen so weit, daß die Mönche einen Mundschutz tragen, da sie befürchten, sie könnten kleine Insekten einatmen, wodurch sie die Schuld des Tötens lebender Wesen auf sich nähmen. Der Buddhismus, der zu den *Śramaṇa*-Religionen zu rechnen ist, ging niemals soweit, fühlt sich aber auch der *ahiṃsā*-Idee verpflichtet.

In den gleichen Kreisen der *Śramaṇas, Jainas* und *Śānkhya*-Philosophen der Zeit um 500 v. d. Zeitr. entstand die Idee des „*Karma*". Man kann die Veden von vorn nach hinten studieren: nirgends wird die *Karma*-Lehre erwähnt, die uns Heutigen doch als etwas erscheint, was für den Hindu-Dharma typisch ist. So müssen wir uns fragen: Wie kamen die Vorstellungen von *ahiṃsā* und *Karma* in den heutigen Hinduismus? Und damit kommen wir an den wesentlichen Punkt unserer Betrachtung: der heutige Hinduismus ist das Produkt einer Synthese des arischen Brahmanismus mit wesentlichen Elementen aus den *Śramaṇa*-Religionen, Buddhismus und Jainismus, die vornehmlich durch den Buddhismus im 1. Jahrtausend unserer Zeitrechnung vollzogen wurde. Denn der Buddhismus war über Jahrhunderte nach *Aśoka* (ca. 250 v. d. Zeitr.) die dominierende Religion Indiens und beeinflußte durch die von Buddhisten geschaffenen und erhaltenen großen Universitäten im Norden und Nordosten Indiens das gesamte Geistesleben des Subkontinents und darüber hinaus die meisten asiatischen Länder in einer Art „Kulturkolonisation".

Unter *Śaṅkarācārya* (um 800 n. d. Zeitr.) entstand der eigentliche Hinduismus, wie wir ihn heute kennen, als eine Art Reformbewegung: unterschiedlichste Elemente der Volksreligiosität, vor allem aber die Grundprinzipien des Buddhismus wurden übernommen, jedoch dem Grundkonzept des Brahmanismus untergeordnet. Das Resultat ist der moderne Hinduismus. Dieser Hinduismus ist zweifellos eine bemerkenswerte und großartige Religion und - so meine ich - wir sollten uns weder zu einem Antagonismus veranlaßt sehen noch gegen den Hinduismus argumentieren. Aber wir sollten auch ganz klar die Unterschiede sehen und sie nicht verschleiern. Wer einer bestimmten Religion folgen will, muß sie genau kennen, muß wissen, warum er ihr den Vorzug gibt. Es wäre unsinnig, eine Weltsicht zu übernehmen, die man nicht verstanden bzw. nicht selber gewonnen hat.

Der Hauptunterschied zwischen Hinduismus und Buddhismus ist, daß dem Hinduismus ein *theologisches* Prinzip zugrundeliegt, während der Buddhismus *nicht-theistisch* ist. Wenn man im Buddhismus von den verschiedenartigsten Göttern spricht, so redet man in Wirklichkeit über die unterschiedlichsten Aspekte unseres eigenen Bewußtseins, die vermenschlicht und durch Götter oder Göttinnen dargestellt werden. Der Buddha selbst hat niemals selbst etwas gegen die Vorstellung der vedischen Götter vorgebracht. Er vertrat vielmehr den Standpunkt, daß es von wenig Bedeutung ist, was ein Mensch glaubt. Wichtig sei allein, daß er in Übereinstimmung mit seinem Glauben handele. So erklärte er, daß man an *Brahmā* - den Schöpfergott der Veden - ruhig glauben könne, aber man solle sich nicht in Abhängigkeit von einem solchen Glauben begeben. Und hier sprach er dann von der *Karma*-Vorstellung. Im Augenblick aber, wenn man an *Karma* glaubt, wird der Glaube an äußere Götter unwesentlich, weil man dann nicht mehr an ein Ausgeliefertsein an Götter oder andere äußere Einflüsse glauben kann. Man wird mündig und erkennt, daß Abhängigkeit nur vom eigenen Gewissen besteht: vom *Karma*, d.h. von unserem Handeln in Gedanken, Worten und Taten.

Viele Leute mißverstehen die Lehre vom *Karma* allerdings im Sinne einer Art „Schicksal", das nicht beeinflußt werden kann, bzw. als eine Art zwangsläufiges Geschehen. Aber gerade das wollte der Buddha nicht mit „*Karma*" zum Ausdruck bringen. In seinen Auseinandersetzungen mit der Lehre der Jainas, die *Karma* als einen äußerlichen Handlungsvollzug verstehen, unabhängig von unseren Absichten, erklärte er, daß *Karma* ein willentlicher Akt sei: wo Wille bzw. Absicht *(cetanā)* fehlt, wird kein „*Karma*" geschaffen.

So kann man träumen, man würde jemanden umbringen, aber darum ist man noch kein Mörder. Solche Bilder und Ideen, die in Traumwelten aufsteigen, müssen nicht notwendigerweise Ausdruck einer willentlichen Absicht sein: der Traum liegt nicht im Bereich unserer bewußten Kontrolle. Da er aber nichtwillentlich abläuft, hat er auch keinen karma-bildenden Effekt. Vielleicht könnte man die unterschiedliche Konzeption der *Karma*-Vorstellung bei *Jainas* und Buddhisten so darstellen: wenn einem Maurer auf einem Gerüst plötzlich ohne Absicht ein Ziegelstein entgleitet und einen Passanten trifft und tötet, so ist der Maurer kein Mörder. Weder nach modernem Gesetz noch nach buddhistischer Auffassung ist er - trotz eventueller Unachtsamkeit - schuldig, da er ja keine Mordabsicht hatte, und ist freizusprechen. Jedoch wäre der gleiche Mann nach buddhistischer Lehre ein Mörder, wenn er in der Absicht, einen bestimmten Menschen zu töten, diesen Ziegelstein fallen lassen würde - auch dann, wenn der Stein den Betreffenden nicht treffen würde. Mit anderen Worten: die Absicht schafft *Karma* - nicht ein rein äußerlicher Tatablauf.

Tun, Handeln *(Karma)* ist im Buddhismus immer vom bewußten Willen gesteuertes Handeln und kein zufälliger Akt.

Auch hier wird deutlich, daß der Buddha zeitgenössische Anschauungen (wie beispielsweise hier die der *Karma*-Vorstellung bei den Jainas und anderen *Śramaṇa*-Sekten seiner Zeit) auf ihre alten, ursprünglichen Anschauungen zurückführte. So sagte er über sich selbst: „Ich habe diesen Dharma nicht ersonnen: dies ist der Dharma aus alter Zeit". Doch gerade diese Stelle wurde von modernen Gelehrten und Forschern immer übersehen. Sie meinten, der Buddha bezöge sich nur auf die Vergangenheit, um zum Ausdruck zu bringen, daß das Dargelegte so etwas sei wie ein universelles Gesetz, nahmen die Äußerung aber nicht vom historischen Standpunkt ernst, da sie es nicht beweisen konnten.

Doch heute wissen wir um die Existenz einer einzigartigen, grandiosen vorarischen Kultur, die etwa 3000 Jahre vor unserer Zeitrechnung sich im nordwestlichen Indien entwickelte, nachdem seit 1922 als erstes die Städte Harappa und Mohenjo-Daro im Industal ausgegraben wurden. Inzwischen wurden viele weitere Städte freigelegt, die uns eine Kultur zeigen, die der der Sumerer, Assyrer und Ägypter nicht nachstand. Die Menschen der damaligen Zeit besaßen offensichtlich auch eine Schrift, die wir allerdings bisher nicht dechiffrieren konnten. Vor nicht allzu langer Zeit meinte ein Forscher, Beweise dafür zu haben, daß der Gott *Śiva* bereits in der Indus-Zivilisation bekannt war. Dies erscheint sogar wahrscheinlich. In diesem Falle kann man auch annehmen, daß die Vorstellungen des Śaivismus damals bereits bis zu einem gewissen Grad entwickelt waren, doch haben wir bisher dafür keine *direkten* Beweise.

Diese Kultur ging nun nach der Invasion der Indo-Arier in den Untergrund. Möglicherweise war sie dravidisch. Die Draviden - heute im Süden Indiens ansässig - haben Sprachen, die von denen der nordindischen Sprachen grundverschieden sind. Und wenn die Draviden Südindiens heute auch Hindus sind, so sind doch viele ihrer Anschauungen von denen des Nordens verschieden. Hier hielten sich gewisse Vorstellungen - die man zwar später in Sanskrit formuliert hat -, die sehr wahrscheinlich aus vorgeschichtlicher Zeit stammen dürften.

Doch kommen wir nun zu einem anderen Punkt. Fragen wir uns einmal: Wie konnte der Buddhismus, wie konnte der Buddha mit seinem Dharma Indien so schnell erobern? Der Buddhismus war gegen jegliche Gewalttätigkeit und vertrat daher die Anschauung von *ahiṃsā*. Seine „Waffe", die nicht sofort als solche erkennbar war, war die Einführung der *Karma*-Idee in einer neuen, mehr psychologischen Sinngebung. Wenn man begreift, was *Karma* wirklich bedeutet, wird einem von diesem Augenblick an klar, daß die Existenz von Göttern oder die eines Schöpfergottes entweder überflüssig ist oder zumindest bedeutungslos wird, weil der Mensch dann der scheinbaren Macht dieser Götter entzogen ist, da diese sich als irreal, illusionär bzw. als eine bloße Suggestion erweist, der wir Raum und Macht über uns gaben. Götter mögen existieren oder auch nicht - doch was immer sie sein mögen und sind: sie haben nicht die Macht, in unser Leben einzugreifen - sie sind selbst dem Gesetz des Karma unterworfen.

Viele der vorgenannten Vorstellungen finden wir in den frühen *Upaniṣaden*. Da diese etwa zeitgenössisch zum Buddha entstanden sind, d.h. zwischen dem sechsten und fünften Jahrhundert v. d. Zeitr., könnten sie sein Denken beeinflußt haben. Aber wenn dem so wäre: Warum waren sie dann Geheimlehren, die nur wenigen mitgeteilt wurden? Und es dürfte sehr wahrscheinlich sein, daß in diesem Falle Buddha nie von ihnen gehört hatte, da er der Krieger- und nicht der Brahmanenkaste entstammte. Aus diesem Grunde erscheint es wahrscheinlicher, daß bereits die frühesten, mit Sicherheit aber die späteren *Upaniṣaden* vom Buddhismus beeinflußt waren und nicht umgekehrt. Auffällig aber ist vor allem, daß diese *Upaniṣaden*, obwohl sie eine Fortsetzung der brahmanischen Tradition sein wollen, Ideen und Vorstellungen einführen, die den Prinzipien des Brahmanismus und des Veda widersprachen.

So lehren sie beispielsweise eine Vergeistigung der bis dahin blutigen Opfer, bei denen Tausende von unschuldigen Tieren getötet wurden, wobei niemand daran dachte, sich selbst - oder sein „Selbst" - zum Opfer zu bringen. (Und trotz all der in den nächsten tausend Jahren erfolgten Reformen werden auch heute noch täglich in Indien Ziegen und andere Tiere „geopfert“ - Residuen einer Jahrtausende zurückliegenden Vergangenheit, wo man dachte, man könne mit solchen Opfern die Götter bestechen: „Ich gebe dir eine Kuh oder ein Pferd, und du gibst mir das, was ich begehre: Sieg über meine Feinde oder viele Nachfahren oder Reichtum“.)

Mit dem öffentlichen Auftreten der *Śramaṇa*-Religionen und dem Wandel im Denken weiter Kreise der Bevölkerung, die zunehmend dem *ahiṃsā*-Ideal folgten, wurde es Brauch, wie die Buddhisten Blumen, Früchte, Nahrung und Räucherwerk zu opfern. Und da durch die *Karma*-Lehre die Götter „entmachtet“ waren, war es auch nicht mehr nötig, sie zu bestechen, was Könige und Kaufleute besonders erfreute, da Opfer für sie sehr kostspielig waren. Durch die Lehre vom *Karma* wurde es auch nicht nötig, *gegen* die Götter zu opponieren: wenn Menschen sie verehren wollten, so sollten sie. *Karma* war unbestechlich, und selbst die mächtigsten Götter, selbst der Schöpfergott waren diesem Gesetz unterworfen.

Das sechste Jahrhundert v. d. Zeitr. ist charakterisiert durch eine große religiöse Bewegung, die Menschen aus den sicheren Banden der Familien in die Hauslosigkeit gehen ließ. Diese Menschen zogen von Ort zu Ort, erbettelten ihre Nahrung und schliefen unter Bäumen. Teilweise trugen sie langes Haar, andere wieder rasierten sich den Schädel. Sie kannten keine andere Regel, als anderen Wesen keinen Schaden zuzufügen, und meditierten und predigten das, was sie im Inneren erkannt hatten.

Auch der Buddha war einer von diesen *śramaṇas* (p.: *samannas*) und wurde auch später noch, nachdem er die Erleuchtung gefunden hatte, der „Große *Śramaṇa*" oder - was identisch ist - der *„Mahāmuni"* (der große schweigende Asket) genannt. Er wurde also als einer derer betrachtet, die den vorarischen Weg der *śramaṇas* ging.

Hinzu kommt, daß er in Kapilavastu geboren wurde, d.h. in der Stadt des Kapila, der als einer der größten Philosophen des *Sāṇkhya*-Systems gefeiert wird. So ist es wahrscheinlich, daß er schon früh mit den Lehren des *Sāṇkhya* vertraut gemacht wurde - einer Philosophie, die die Grundlage des Yoga bildet und enge Beziehungen zum frühen Buddhismus und Jainismus aufweist. *Sāṇkhya* bedeutet wörtlich übersetzt „Zahl, zählen". Es ist eines der frühesten wissenschaftlichen Systeme der Welt. Zugleich war es aber auch eine Wissenschaft vom Leben, die von den Polaritäten der unterschiedlichen Eigenschaften ausgeht: zählt man unvoreingenommen die verschiedenen Eigenschaften und Qualitäten, so erkennt man die unterschiedlichsten Gegensätzlichkeiten. Hat man dies unvoreingenommen gesehen, so versucht man nicht mehr, die eigenen Vorstellungen oder Denkweisen der Natur zu unterlegen, sondern betrachtet aufmerksam die Natur und lernt, indem man beobachtet. Dann aber entdeckt man auch die eigene Gesetzmäßigkeit entsprechend der natürlichen Gegebenheit, die sich nicht nach unserem Wunschdenken abspielt. In dieser Hinsicht ist *Sāṇkhya* eine Lehre, die realitätsbezogen ist, d.h. sie vermittelt eine Weltanschauung, die dem Buddhismus weitaus nahekommt, da sie kein theologisches System ist, sondern ein System, das es offenläßt, ob man an einen Gott glauben will oder nicht. Denn ein solcher Glaube ist eine Privatangelegenheit. Man kann es tun, doch ein solcher Glaube hat nichts mit der Realität zu tun. Man muß die Welt so sehen, wie sie ist, und muß sich in ihre Gesetzmäßigkeit einordnen, da es unmöglich ist, dagegen anzugehen. Aus diesem Grunde nannte der Buddha seine Lehre den „ewigen Dharma“ (skt.: *sanātana-dharma*) oder den „kosmischen Dharma“: das kosmische Gesetz, das alles beherrscht, ob wir es wollen oder nicht, ob wir daran glauben oder es verleugnen.

Manche Menschen mögen vielleicht daran glauben, daß sie auf dem Wasser wandeln könnten. Wenn sie es aber versuchen, werden sie bestimmt hineinfallen. Ich erinnere mich noch, daß eines Tages ein Sadhu in Poona oder Bombay eine gewaltige Reklame machte: Er würde am soundsovielten auf dem Wasser laufen, denn er habe vollkommenen Glauben entwikkelt. Nun, es kann ja sein, daß er den vollkommenen Glauben hatte. Aber als er auf das Wasser trat, fiel er hinein und mußte herausgezogen werden. Er hatte zu seinem Auftritt Staatsminister eingeladen, und die Zuschauer hatten enorme Eintrittsgelder zahlen müssen, die sie nun zurückforderten, als sie sahen, daß er ins Wasser fiel. Hier sieht man, wohin „Glaube“ führen kann! Glaube ist gewiß eine wunderbare Sache, aber man sollte ihn nicht auf dem Wasser versuchen oder in irgendeiner anderen Weise überstrapazieren. Ein anderer Sadhu verkündete in Bombay in ähnlicher Weise, daß er sich zu einem bestimmten Datum lebendig begraben lassen wolle, und er würde sich dann über sein Grab erheben und in die Luft schwingen und verschwinden. Nun, er wurde mit einem Ziegenwagen abtransportiert. Er kam nie zum Fliegen.

Ich bin heute der Überzeugung, daß diese und andere, die mit gleichem Anspruch auftraten, liebenswerte und ehrliche Menschen sind, erfüllt vom Glauben und überzeugt von dem, was sie versprechen. Und wenn ein Mensch etwas glaubt, das ihm Kraft gibt, so ist das gut. Doch Dinge zu glauben, die gegen die Gesetze der Natur sind, ist gefährlich. Aus diesem Grunde verurteilte der Buddha alle sogenannten „Wunder“. Er glaubte nicht, daß man Wunder vollbringen sollte, um Anhänger zu gewinnen. Ich bin mir bewußt, daß es einige Geschichten gibt, in denen „Wunder“ berichtet werden, die der Buddha vollbracht haben soll. Doch diese Geschichten stammen alle aus späteren Zeiten: nach dem Pālikanon hat der Buddha keine Wunder vollbracht, denn er wollte die Menschen nicht durch Äußerlichkeiten gewinnen, sondern an ihnen das einzige Wunder vollziehen, das zählt: den Wandel ihres Geistes. Er wollte keine blindgläubigen Anhänger, sondern überzeugte Jünger.

Das aber ist wohl der Hauptunterschied zwischen Religionen, die auf Glauben aufgebaut sind, und Religionen, die zwar Vertrauen aus Überzeugung kennen, aber nicht gläubige Annahme, wie beispielsweise Buddhismus, Jainismus, Śramanismus und Taoismus. Ich kenne keine andere Religion, die sonst so frei ist von Vorurteilen und Annahmen.

Darum möchte ich noch einmal wiederholen: man kann an vieles glauben, so z.B. an den eigenen Körper, das Universum, an die Gesetze der Gestirne oder der Natur - all das ist zugestanden. Doch Glaube muß immer konform gehen mit dem, was uns umgibt, denn es ist närrisch anzunehmen, daß die Welt in Millionen von Jahren etwas entwickelt hätte, was nicht notwendig war.

Die Welt, in der wir leben, mag das Produkt unserer Vorstellungskraft sein oder eine bloße Ideation, die uns lediglich so erscheint, wie wir sie sehen, ohne es in Wirklichkeit zu sein, weil unsere Sinne begrenzt sind. Aber ich bin trotzdem überzeugt, daß selbst unsere sogenannten Illusionen nichts Willkürliches sind: auch sie gründen sich auf die Gesetze unserer Psyche, die den Gesetzen des Universums zugeordnet sind. Wir sind also das Produkt von etwas, das wir nicht verstehen und doch zu respektieren haben.

Doch kommen wir nun auf einen der größeren Unterschiede zwischen Hinduismus und Buddhismus zu sprechen. Wir erinnern uns an die oben erwähnte *Advaita*-Philosophie *Śaṅkarācāryas*, der im 8.

Jh. lebte und dessen Ideen von so vielen mit den Ideen des Buddhismus gleichgesetzt werden.

Advaita bedeutet „Nicht-Zweiheit". *Śaṅkarācārya* wollte damit zum Ausdruck bringen, daß in Wahrheit nur das „Eine" - das Göttliche - existent ist und alle Vielheit, Unterschiedlichkeit und Mannigfaltigkeit lediglich Illusion ist. Mit anderen Worten, sein *advaita* ist ein reiner Monismus, der, statt die Illusion der Vielheit als ebenso wahr anzuerkennen wie die Einheit allen Werdens (d.h., daß beide zugleich existieren), den Versuch unternahm, sich nur auf die Einheit alles Seienden zu konzentrieren. Um sich aber nun selber von der Illusion als unterschiedlich zu erkennen, baute sich sein Glaube auf die Überwindung der Illusion des Unterschiedlichseins auf. Doch da wir in dieser illusionären Welt leben, was kann man da tun? - Es ist so, als würde man sagen, man wolle nicht träumen - doch wird man durch solches Reden frei vom Träumen?

Im Buddhismus haben wir ein dem hinduistischen *advaita* sehr ähnliches Wort, was viel früher (etwa im 1. Jh. n. d. Zeitr.) geprägt wurde, nämlich *advaya*. *Advaya* und *advaita* haben zwei völlig verschiedene Bedeutungen. Während *advaita* „das Eine ohne ein Anderes" bedeutet, weist *advaya* „Nicht-Zwei" auf ein Überkommen jeder Dualität hin: Wir mögen zwar unter gewissen Illusionen stehen, aber wir erkennen, daß unsere Illusion und deren Objekte aus der gleichen Wurzel entspringen. Mit anderen Worten: Wir überwinden die Dualität der Spaltung von Subjekt und Objekt in dem Sinne, daß wir intuitiv erkennend fühlen, daß beide dem gleichen kosmischen Grund entsteigen.

Die Vorstellung von *advaya* ist somit dem Konzept des *advaita* völlig entgegengesetzt. Und wenn Menschen meinen - wie dies heute häufig geschieht - daß *advaita* buddhistischen Konzepten so ähnlich sei, daß man diese jederzeit dagegen austauschen könne, wodurch man *Śaṅkarās* Lehre so befolgen könne, als wäre sie buddhistisch, dann tut man beiden Systemen unrecht. Als man *Śaṅkarācārya* zu Lebzeiten anklagte, ein „Krypto-Buddhist" zu sein, weil seine *Māyā*-Lehre äußerlich Ähnlichkeiten mit der des *Mahāyāna* aufwies, wehrte er sich entschieden dagegen, ja er begann sogar, den Buddha zu beschuldigen, der größte Volksverführer zu sein. Er begann eine intensive Attacke gegen die Ideen des Buddhismus, die noch heute von seinen Nachfolgern weitergetragen wird, obwohl er zweifellos wesentliche Gedanken Nāgārjunas, der im 2. Jh. n. d. Zeitr. lebte und die Bedeutung der Leerheit herausstellte, übernommen hatte.

Und hier wären vielleicht einige Worte notwendig, um die buddhistische Substanzanschauung darzulegen. Die moderne Wissenschaft zeigt uns, daß es so etwas wie feste Materie nicht gibt. Materie löst sich in unterschiedliche Spiele von Kräften auf, wird unsichtbar. Zwischen den Spielen der Kräfte aber spannen sich enorme leere Räume, etwa im gleichen Verhältnis wie die Gestirne im All. So gewinnen wir bald den Eindruck, daß „Materie" eine sehr seltene Erscheinung im Universum ist und daß das, was wir „Nicht-Materie“ oder „Raum“ nennen, bei weitem häufiger ist als alle „Materie“ zusammen. Das aber besagt, daß „Raum“ die Voraussetzung für „Materie“ ist und alles und jedes aus dem „Raum“ hervorgeht. Was sonst existiert, sind nur Formen, nur Unterschiedlichkeiten in der Form bzw. Unterschiedlichkeiten in Gesetzmäßigkeiten und in Energieformen. Wenn wir daher von „Materie“ reden, müssen wir uns bewußt sein, daß sie von radioaktiven Kräften durchdrungen werden kann, als wenn es überhaupt keine „Dichte“ gäbe. Unsere Augen, unser Fühlen, unser Körper aber ist so beschaffen, daß uns alles, was wir „Materie“ nennen, Widerstand bietet und wir es deshalb als „materiell“ empfinden. Doch in Wirklichkeit ist jedes Stück Materie nichts als eine konzentrierte Energieform, und wenn wir dann diese als eine Akkumulation von Energie erfassen, dann fangen wir an zu begreifen, daß „Materie“ etwas weitaus Wunderbareres ist als alle Wunder der Welt. Wenn wir ein Stück Holz oder einen Stein oder irgendetwas anderes in der Hand halten, dann nehmen wir es als Holz, Stein oder dergleichen. Aber wir erkennen nicht, welche enormen Energien darin verborgen sind. Die Kraft eines Atoms ist so gewaltig, daß wir, wenn wir die Gesetze der Natur erkennen, sie gebrauchen können, zum Nutzen oder zur Vernichtung. Diese Energien waren immer da, nur wußten wir Menschen nicht um sie.

Hier zum Abschluß noch einige Bemerkungen zu meiner Theorie, daß die *Karma*-Lehre der vedischen

Tradition entgegengesetzt und im Grunde mit ihr so unvereinbar ist, daß man ihren Ursprung in den *Śramaṇa*-Religionen suchen muß.

Der berühmte vedantische Philosoph *Yajñavalkya* ist einer der markantesten Denker in den *Upaniṣaden*. Er folgte in seinen philosophischen Ansätzen zwar nicht streng den Veden, aber vielleicht einigen der *Brāhmaṇas* [+)], obwohl er selbst weit darüber hinausgehende Visionen entwickelte. Doch wagte er nicht, über diese neuen Konzepte zu sprechen, weil er wußte, daß, wenn Menschen wirklich diese neuen Prinzipien verstünden, die ganze brahmanische Philosophie abgetan sein würde. Nun hörte jemand eines Tages zu, wie *Yajñavalkya* darüber sprach, was geschieht, wenn ein Mensch stirbt. Nach dem Veda der brahmanischen Tradition heißt es, daß die Augen in die Sonne gehen, die Haare in die Bäume und das Gras, das Blut in das Wasser, die Knochen in die Steine - mit anderen Worten: alles kehrt zur Natur zurück. Und da fragte nun dieser Jemand: „Was du sagst, ist sehr schön. Aber was geschieht mit dem Menschen? Über den hast du nichts ausgesagt. Du sprachst nur von den körperlichen Bestandteilen: aber im Menschen sind noch andere Prinzipien wirksam.“ Darauf meinte *Yajñavalkya*, er solle still sein: darüber wolle er später mit ihm, außerhalb der Versammlung sprechen. Und worüber sprachen sie? Über *Karma*! Die *Karma*-Lehre wurde also als etwas so Explosives und Revolutionäres betrachtet, daß

[+)] Kommentare zur Praxis des Vedischen Materials

man sie nur an vertrauenswürdige Schüler weitergab. Denn - wie schon anfangs angedeutet - machte sie Götter, sowie Opfer- und Kulthandlungen überflüssig. Doch ohne diese waren die Brahmanen brotlos. Sie mußten die Macht der *Yajña* immer erneut betonen, um selber die hohen Ränge in der arischen Gesellschaft weiter besetzen zu können, die sie innehatten. Und selbst heute noch leben sie davon: als vor einigen Jahren die Konjunktion von sieben Planeten anstand, verkündeten sie eine Weltkatastrophe, wenn nicht große *Yajñas* in ganz Indien veranstaltet würden: Nahrungsmittel wie Weizen, Reis und Butterschmalz wurden in Massen für Millionen von Rupies verbrannt, während Menschen hungerten. So tief sind noch heute in Indien die Ideen des *Yajña* im indischen Volk verwurzelt!

Der Buddha war ein guter Psychologe und vermied es daher, bestehenden religiösen Vorurteilen direkt entgegenzutreten, sofern diese nicht zu offensichtlich waren. Er ließ jeden glauben, was er wollte. Aber er erklärte immer wieder, daß das allein Entscheidende das Tun und Lassen eines Menschen sei. Als eines Tages jemand zu ihm kam und ihn bat, er möge ihn den Weg zu *Brahmā*, dem höchsten Schöpfergott lehren, stimmte der Buddha zu und fragte ihn, ob er wohl meine, *Brahmā* sei voll des Hasses. „Nein", erwiderte jener, „er ist erfüllt von Liebe." - „Besitzt er dann Eigenschaften, die wir so häufig bei Menschen sehen: Gier und Übelwollen?" - „Nein, Herr, *Brahmā* besitzt nur positive Eigenschaften." - „Dann gehe", sagte der

Buddha, „und kultiviere diese guten Eigenschaften in dir, und dein Weg wird dich zu *Brahmā* führen.“ - So belehrte er diesen gläubigen Menschen, indem er ihn nicht vor den Kopf stieß durch eine Erklärung, daß es keinen Gott gäbe oder dergleichen, sondern indem er den Betreffenden veranlaßte, sein Ideal, das er in einen so beschaffenen Schöpfergott hineinprojizierte, in diesem Leben zu realisieren - es selbst zu werden.

Doch kommen wir noch einmal auf *Śaṅkarācārya* - den großen Initiator des modernen Hinduismus - zurück. Er erstrebte vor allem eine Wiederbelebung der Religiosität des *Vedānta*. *Vedānta* heißt „das Ende der Veden“, weil die *Upaniṣaden* - und um die handelte es sich ursprünglich - am Ende der Veden standen, historisch gesehen auch den Abschluß dieser Literatur bildeten.

Śaṅkarācārya war zweifellos ein großer Gelehrter, vor dessen Ideen ich großen Respekt habe, ohne ihnen jedoch zu folgen. Sein Anliegen war, den Brahmanismus zu reformieren auf der Grundlage der hervorstechendsten *Upaniṣaden*. In ihrem Lichte interpretierte er die Veden, d.h. im Lichte des *advaita*. Diese Auslegung ist großartig, aber sie entspricht nicht den Grundideen der Menschen, die die Veden schufen. So sind die Versionen *Śaṅkarācāryas* zwar sehr schön und ansprechend, entsprechen aber nicht der Geschichte. Denn man kann nicht etwas, was im 6. Jh. v. d. Zeitr. entstand, ohne eine entsprechende historische Entwicklung mit etwas vermischen, was im 6. Jh. n. d. Zeitr. überhaupt erst entwickelt wurde.

Allerdings gilt das gleiche für den Buddhismus. Wenn wir ihn als Ganzes verstehen wollen, so müssen wir alle seine verschiedenen Aspekte studieren, sehen, wie sie sich aus keimhaften Ansätzen entwickelt haben, um dann das ganze Spektrum in seiner Vielfältigkeit zu umfassen und um daraus das für unsere Zeit Notwendige herauszuschälen, damit auch Menschen in unserer Zeit den Weg des Buddha und seines Dharma gehen können.

In Tibet feierte und feiert man noch heute Padmasambhava als die Reinkarnation des Buddha, weil er die gleiche Lehre im 8. Jh. n. d. Zeitr., die der Buddha *Śākyamuni* mehr als 1000 Jahre zuvor in der Sprache seiner Zeit verkündet hatte - nun in eine Form brachte, die den Menschen Tibets verständlich und annehmbar war. Hätte Padmasambhava die gleiche Sprache, die gleichen Worte, die gleichen Konzepte gebraucht wie der Buddha, so hätte man ihn kaum in Tibet verstanden. So aber blieb er ganz dem *Sinn* der Lehre treu, ohne sich an Äußerlichkeiten zu klammern, denn er war ein außergewöhnlicher Mann: ein großer Gelehrter und ein noch größerer Psychologe, der um den rechten Gebrauch der Mittel wußte und sie auch bewußt einsetzte zum Wohle der Menschen. Und wenn wir das Wesentliche - nicht die Äußerlichkeiten - seines Lebens und Wirkens begreifen, dann können wir viel von ihm lernen für die Darstellung des Dharma im Abendland hier und heute.

Wie ein tibetischer Buddhist das Christentum sieht

Will man die Einstellung eines tibetischen Buddhisten zum Christentum verstehen, muß man zunächst wissen, was „Religion" ihm bedeutet. Dem Wort „Religion" kommt der tibetische Begriff *„chos"* am nächsten, auf Sanskrit *„dharma"*, und das bedeutet das geistige und universelle Gesetz, jenes Prinzip also, welches alles Seiende trägt *(„dhar")*. Es ist das höchste Ziel des Menschen, mit diesem Gesetz in Harmonie zu leben und dadurch einen Zustand der Wahrhaftigkeit und Tugend zu erreichen.

Für einen Tibeter bedeutet deshalb Religion nicht etwa die Zugehörigkeit zu einem bestimmten Glaubensbekenntnis oder Dogma, sondern vielmehr den natürlichen Ausdruck seines Glaubens an eine höhere Bestimmung des Menschen, das heißt an seine Fähigkeit, sich selbst aus den Fesseln der Täuschung und der Enge seines Ichs befreien zu können, um so die Universalität seines wahren Wesens im erleuchteten Bewußtsein zu verwirklichen.

Es gibt ebensoviele Wege und Methoden, um dieses Ziel zu erreichen, wie Menschen, und deshalb hält der Tibeter die Verschiedenheit der Religionen nicht für ein Unglück oder für die Ursache von Streitigkeiten und gegenseitiger Feindschaft, sondern für etwas Natürliches, das für das geistige Wachstum der Menschheit notwendig ist.

Da der Tibeter ein ausgesprochener Individualist ist, anerkennt und achtet er unzählige Formen religiöser Übung und Hingabe; und obwohl es in Tibet viele verschiedene buddhistische Schulen gab, die sich ebensosehr voneinander unterscheiden wie die einzelnen christlichen Kirchen und Sekten, so herrschte weder Feindschaft noch Wetteifer zwischen ihnen. Sie lebten friedlich nebeneinander und erkannten sich gegenseitig an. Anerkennt man einen Lehrer der einen Schule, so lehnt man deswegen Lehrer anderer Schulen nicht ab. Im Gegenteil: oft ergänzen und unterstützen sich die Lehren oder Methoden verschiedener Schulen auf wirkungsvollste Weise.

Ein bekanntes tibetisches Sprichwort bringt die ganz persönliche Einstellung zu religiösen Dingen gut zum Ausdruck:

Lung-pa ré-ré kä-lug ré,
Lama ré-ré chö-lug ré.

Jede Gegend hat ihre eigene Mundart,
jeder Lama seine eigene Lehre.

Diesem Grundsatz entsprechend kann man jeden Glauben und alle religiösen Praktiken ganz nach seiner Überzeugung ungehindert anerkennen oder ablehnen und seine Ansichten frei und ohne Furcht äußern. Religiöse Erörterungen waren überall willkommen, und Menschen, die ihre Gedanken überzeugend ausdrücken konnten, waren sehr geachtet. Die Kunst der öffentlichen Diskussion wurde besonders an den großen Klosteruniversitäten, wie Ganden, Drepung und Sera, gepflegt.

Gleichzeitig aber war der Tibeter nicht so einfältig zu glauben, daß religiöse Wahrheiten durch bloße Logik zu beweisen oder durch Erörterungen festgelegt werden könnten.

Tibetische Meister betonten immer wieder, daß die letzte Wahrheit nicht mit Worten ausgedrückt, sondern nur in uns selbst verwirklicht werden kann. Darum ist nicht unser Glaube entscheidend, sondern unsere Erfahrung und Übung und deren Wirkung auf uns und unsere Umgebung. Alles, was uns in einen Zustand größeren Friedens und größerer Harmonie versetzt, führt uns auf den richtigen Weg.

In Tibet galt ein Heiliger mehr als ein König, ein Mensch, der weltlichem Besitz entsagen konnte mehr als ein Reicher, und wer sein Leben aus Liebe und Mitleid zu seinen Mitgeschöpfen opferte, wurde mehr verehrt als ein Welteroberer.

Bis auf den heutigen Tag werden die Geschichten von dem aufopferungsvollen Lebensweg des Buddha während unzähliger früherer Existenzen als Bodhisattva immer wieder erzählt: an Lagerfeuern, bei religiösen und weltlichen Festen, im Familienkreis und in Einsiedeleien, auf einsamen Karawanenstraßen und auf von Menschen erfüllten Marktplätzen - und nie verfehlen sie ihre Wirkung selbst auf den ungehobeltesten Maultiertreiber oder den gewandtesten Städter; denn diese Geschichten sind nicht bloß eine Angelegenheit aus einer nebelhaften Vergangenheit, sondern haben ihre Entsprechung im Leben vieler tibetischer Meister, die frühere und heutige Generationen begeistert haben.

Unter diesen Umständen versteht man gut, daß die Lebensgeschichte Christi und seine Leiden am Kreuz um der Menschheit willen die religiösen Gefühle des durchschnittlichen Tibeters tief berühren. Aber wenn ihm jemand sagte: „Ab heute mußt du auf alle anderen Meister und Erlöser verzichten und nur noch diesen einen verehren", wäre er überrascht und sogar entsetzt, denn für ihn liegt der Wahrheitsbeweis in der Tatsache, daß es zu allen Zeiten und in allen Völkern erleuchtete religiöse Führer gab, die die Botschaft der Liebe und des Mitleids verkündeten und die das Wissen um jene letzte Wirklichkeit verbreiteten, die jenseits aller Worte und Begriffe ist und die die Christen Gott, die Hindus Brahman und die Buddhisten den Zustand der Erleuchtung nennen.

Daß dem Christentum in Tibet dennoch kein Erfolg beschieden war, obwohl den ersten Missionaren ein herzlicher Empfang bereitet wurde, lag nicht etwa daran, daß Christus oder seine wesentlichen Lehren abgelehnt wurden, sondern im Gegenteil daran, daß die Lehren und das Leben Christi ohnehin mit dem Bodhisattva-Ideal übereinstimmen und es sogar weitgehend bestätigen und daß diese Lehren in Tibet mehr als irgendwo in Europa verwirklicht worden sind.

Der zweite Grund dafür war jedoch, daß alle, die die Lehre Christi nach Tibet zu bringen versuchten, nicht bereit waren, das großartige Gedankengut und die Heiligen dieses Landes anzuerkennen, und daß ihnen ihre eigenen engstirnigen Ansichten und von Menschen geschaffenen Dogmen wichtiger waren als die universelle Botschaft Christi.

Nichts könnte das Verhältnis der Tibeter zum Christentum besser veranschaulichen als die folgenden geschichtlichen Beispiele, die meine Behauptung ausreichend bestätigen.

Der erste christliche Missionar, der Tibet erreichte, war der Portugiese Pater Antonio de Andrade. Er wurde im Jahre 1625 vom König von Guge in Tsaparang in Westtibet sehr gastfreundlich aufgenommen. Der König erwies ihm hohe Ehren und gestattete ihm im wahren Geiste buddhistischer Toleranz, seine Religion zu verkünden. Denn seiner Meinung nach verdiente ein Mann, der um seines Glaubens willen um die halbe Welt gereist war, gewiß größte Achtung und daß man ihn anhörte.

Er war davon überzeugt, daß eine Wahrheit der anderen nicht schaden könne und daß deshalb alles, was immer an der Religion des Fremden wahr sein mochte, die Lehren der tibetischen Meister, der Buddhas und Bodhisattvas nur bestärken und bestätigen könne. War es nicht möglich, daß aus den Ländern des Westens manch ein Bodhisattva hervorgegangen war, von dem die Menschen im Osten noch nichts gehört hatten? So schrieb der König von Guge aus der Güte seines Herzens heraus im Jahre 1625 den folgenden Brief an Pater Antonio de Andrade:

> Wir, der König mächtiger Reiche, freuen uns über die Ankunft von Pater Antonio Franguim (so wurden die Portugiesen in Indien genannt) in unserem Lande, der uns eine heilige Satzung bringt, und wir ernennen ihn zu unserem Oberlama. Wir erteilen ihm die uneingeschränkte Erlaubnis, unser Volk die heilige Satzung zu lehren. Wir dulden nicht, daß irgend jemand ihn dabei belästigt, und wir geben den Befehl, daß ihm ein Wohnplatz zur Verfügung gestellt und jede Hilfe zuteil wird, die er zum Bau eines Gebetshauses braucht.

Und der König gab dem Fremden sogar seinen eigenen Garten, ein Geschenk, das unter tibetischen Verhältnissen, wo Gärten nicht alltäglich, sondern ein seltener Luxus sind, mehr als bloß eine höfliche Geste war.

Aber leider wußte der König in seiner arglosen Güte nicht, daß der Fremde nicht bloß gekommen war, um wahre und schöne Gedanken mit jenen auszutauschen, die nach denselben Idealen strebten, sondern vor allem, um die buddhistische Lehre zu verwerfen und sie durch das zu ersetzen, was er als die einzige Wahrheit betrachtete. Der Konflikt war unvermeidlich. Unzufriedenheit verbreitete sich im Land, und die politischen Gegner des Königs erhoben sich gegen ihn.

Während Pater Andrade, durch seinen Erfolg in Tsaparang ermutigt, nach Lhasa weiterreiste, um seine Tätigkeit auf ganz Tibet auszudehnen, brach in Westtibet ein Aufstand aus: der König wurde gestürzt und mit ihm die Dynastie von Guge. Tsaparangs Glanz war vorbei.

Ungefähr ein Jahrhundert später kam der Jesuit Pater Desideri nach Lhasa (1716). Man gab ihm ein schönes Haus, er wurde mit allen Bequemlichkeiten versehen, die einem geehrten Gast zukommen, und es wurde ihm erlaubt, seine Religion sowohl durch Predigten als auch durch Bücher zu verkünden. Er schrieb in der Tat ein Buch, um gewisse buddhistische Lehren zu widerlegen, und es rief großes Interesse hervor. So hielt Desideri das Ergebnis fest:

> Mein Haus wurde plötzlich Schauplatz unaufhörlicher Besuche von allen möglichen Leuten. Es waren hauptsächlich Gelehrte und Professoren, die aus den Klöstern und von den Universitäten kamen, vor allem aus Sera und Drepung, den bedeutendsten. Sie baten um die Erlaubnis, das Buch lesen zu dürfen.

Zu jener Zeit war Tibet sicherlich zivilisierter als Europa, wo Ketzer verfolgt und ihre Bücher verbrannt wurden. Man stelle sich vor, was in Rom passiert wäre, wenn ein Fremder versucht hätte, die christliche Lehre öffentlich zu widerlegen!

Daher überrascht es nicht, daß die Vertreter des Christentums nicht dazu fähig waren, den Geist der Toleranz zu würdigen und das ihnen geöffnete Tor zu benutzen, indem sie im gleichen Geiste antworteten. So wurde die große Gelegenheit versäumt!

Trotzdem aber wollen wir hoffen, daß der Tag kommt, an dem sich die Nachfolger Christi und die Anhänger Buddhas auf der Grundlage gegenseitigen Wohlwollens und Verstehens begegnen, und daß dann die Liebe, die sowohl Buddha als auch Christus so nachdrücklich predigten, die Welt in einer gemeinsamen Bemühung vereint, um die Menschheit vor dem Untergang zu retten und sie zu jenem Licht zu führen, an das wir alle glauben.

Teil 2

MEDITATIVES ERLEBEN

Meditation, Mudrā und Maṇḍala

Das tibetische Pantheon der Gottheiten hat seinen Ursprung im Buddha als der Verkörperung aller menschlichen und göttlichen Eigenschaften und in Menschen, die über diese Eigenschaften und das Ideal der Buddhaschaft meditieren. Der Buddha stellt den vollkommenen Menschen dar. Wie zu einer Gottheit zu ihm emporzublicken, würde uns wenig helfen. Wenn wir erkennen, daß der Buddha ein Mensch ist oder einer war, wie wir selbst es sind, der die Vollkommenheit seiner Natur erlangte, die wir Erleuchtung nennen, dann können wir den Buddha in symbolischer Form als das Ideal verstehen, das wir in uns selbst verwirklichen wollen.

Der Buddha ging in seinem Leben durch viele verschiedenartige Erfahrungen hindurch. Zunächst rang er mit sich selbst und versuchte eine Lösung für die Rätsel des Lebens durch Asketentum und strenge Übungen zu finden. Als er erkannte, daß Selbstkasteiung nicht zur Erleuchtung führt, gab er diese zum Äußersten gehenden Übungen auf, die ihn an die Schwelle des Todes gebracht hatten, nahm wieder Nahrung im üblichen Umfang zu sich und ging, als er seine Kräfte wiedererlangt hatte, in einen tiefen Zustand der Meditation ein. Schließlich gelangte er durch intensive innere Kämpfe zur Erleuchtung. Da der Buddha sich nicht mit seiner eigenen Befreiung begnügte, entsagte er dem seligen Zustand von Frieden und Glück, den er in der Einsamkeit des Waldes genoß, und kehrte in die Welt zurück, um all jenen Befreiung zu bringen, die in Unwissenheit und Verwirrung gefangen sind. Nachdem er anfänglich seine Lehren in einer Unterweisung in Sarnath verkündet hatte, setzte er über vierzig Jahre lang seine Hilfe für die Menschen fort: er lehrte sie die Meditation und den Weg, der aus dem Leiden des Lebens herausführt.

All diese verschiedenen Eigenschaften und Handlungsweisen des Buddha werden durch unterschiedliche Mudrās dargestellt, die in der Kunst verwendete symbolische Hand- und Körperhaltungen sind. Manchmal sehen wir den Buddha in der Erdberührungsmudrā, ein anderes Mal in der Mudrā des Gebens, der Mudrā der Meditation oder der Mudrā des Lehrens. Jede dieser Mudrās stellt eine bestimmte geistige Haltung dar, einen bestimmten Aspekt der Weisheit des Buddha.

Die Geste der Erdberührung deutet die Weisheit des Großen Spiegels an, in welcher die Dinge in ihrem wahren Wesen *(yathā-bhūtam)* gesehen werden. Es ist auch die Geste, in welcher der Buddha die Erde als

Zeuge für seine vorangegangenen Handlungen der Entsagung anruft, in der seine eigene Natur als erleuchtetes Wesen offenbar wird. Die Geste des Gebens bezeichnet die Weisheit der Wesensgleichheit alles Lebenden. Die Geste der Meditation kennzeichnet die Weisheit der Unterscheidung innerer Schau. Die Geste der Furchtlosigkeit (des Segnens) symbolisiert die Allesvollendende Weisheit, und die Geste des Lehrens oder des Inbewegungsetzens des Dharma-Rades bezeichnet die *Dharmadhātu*-Weisheit transzendentalen Wissens.

Betrachtet man diese verschiedenen Handlungsweisen des Buddha als unterschiedliche Aspekte des Bewußtseins, die der Erleuchtete offenbart, wird jede zu einem eigenständigen Symbol - einem eigenen Buddha. Folglich drückt die Vielfalt der Buddhas nur die vielen Facetten der Buddhaschaft aus. Obgleich zum Beispiel weißes Licht aus vielen Qualitäten in Form von Farben besteht, werden diese erst sichtbar, wenn das Licht durch ein Prisma fällt. Dann erst tritt das gesamte Spektrum von roten, blauen und gelben Farbtönen hervor. In diesem Moment werden wir uns bewußt, daß all diese Phänomene im weißen Licht enthalten sind, selbst wenn wir sie niemals zuvor bemerkt haben.

Genauso verhält es sich mit den verschiedenen Buddha-Figuren. Sie stellen lediglich die vielen Eigenschaften des Buddha-Geistes dar. All diese Eigenschaften gibt es in uns selbst - verwirklicht oder als Möglichkeit. Dies ist der Ursprung der vielen unterschiedlichen Buddhas. Sie sind nicht absichtlich geschaffene Erfindungen, sondern entstehen aus der Meditation. Verschiedene buddhistische Schulen und einzelne Lehrer spezialisierten sich darauf, diese verschiedenen Eigenschaften zu entwickeln, und auf diese Weise entstand eine Vielzahl von Pantheons. All diese Symbole, Gottheiten und Maṇḍalas sind im Grunde das Ergebnis meditativer Erfahrungen im Laufe der Jahrtausende.

Wenn man die Darstellung einer tibetischen Gottheit betrachtet, sieht man Auren: jeder Buddha hat um seinen Kopf einen Heiligenschein und einen weiteren um seinen Körper. Gewissermaßen deutet die den Kopf umgebende Aura an, ob die spirituelle Haltung aktiv oder passiv ist. Meist ist sie grün, rot oder orange. Eine Flammenaura weist auf eine andere Art von Aktivität hin. Ehrfurchtgebietende Gestalten wie *Vajrapāṇi* oder *Mahākāla* werden oft „zornige Gottheiten" genannt, aber auch sie sind Manifestationen derselben Buddha-Energie. Sie sind aus dem einfachen Grunde angsterregend, weil wir uns vor allem fürchten, was wir nicht verstehen. So sind diese tieferen Aspekte des Buddha-Wissens in diesen scheinbar furchterregenden Gestalten ausgedrückt.

Die Bedeutung der Flammenaura ist im Westen häufig mißverstanden worden, da die christliche Ikonographie eine Flammenaura mit der Vorstellung der Hölle verbindet. Aus diesem Grund nehmen westliche Menschen leicht an, daß jede von Flammen umgebene Figur eine Art Dämon sein muß. Im Buddhismus ist jedoch genau das Gegenteil der Fall. Sie sind keine Dämonen - vielmehr sind sie Verkörperungen von Weisheit. Dementsprechend symbolisieren Flammen das durchdringende Wesen einer höheren Weisheit, da sie alle hemmenden Unreinheiten verbrennen und sie schmelzend und integrierend in eine leuchtend helle Energieform überführen.

Die Körperauren, insbesondere eine tief dunkelblaue, die den ganzen Körper umgibt, symbolisiert auch Śūnyatā oder den unendlichen Raum. In besonderen Thangkas ist dieses Blau durch eine Vielzahl von feinen goldenen Strahlen durchbrochen, die niemals geradlinig, sondern immer gekrümmt sind. Dies entspricht genau den Entdeckungen der modernen Physik, die darauf verweisen, daß sich im Universum alles in Wellen bewegt und es keine geradlinige Bewegung gibt. Meditierende erkannten intuitiv, was Wissenschaftler später durch mathematische Formeln verifizierten. Darüber hinaus sind diese feinen Strahlen manchmal abwechselnd wellenförmig und glatt, sie schwingen sozusagen auf einer längeren und kürzeren Frequenz. Dies stimmt mit einer bestimmten mantrischen Technik überein, derzufolge es vier verschiedene Arten von Mantras geben soll, die durch vier verschiedene Schwingungen repräsentiert werden und vier verschiedene Wirkungen haben.

Diese Hinweise sollen eine kurze Einführung in die Ikonographie der tibetischen Kunst geben. Es muß daran erinnert werden, daß alle diese ikonographischen Formen ihren Ursprung in der Meditation haben und daß deshalb die meisten Symbole, die sich aus den verschiedenen Meditationsmethoden herauskristallisiert haben, archetypische Aspekte der menschlichen Psyche darstellen. Da wir alle menschliche Wesen mit derselben Struktur sind, können wir uns mit Hilfe derselben Symbole verständigen. Andernfalls würde es überhaupt keinen Weg der Verständigung geben. Die menschliche Psyche ist nicht einfach eine Mischung von allem und jedem, noch ist sie etwas Formloses und vollständig Anarchisches. Vielmehr weist sie eine sehr präzise Struktur auf. Tausende von Menschen in Tausenden von Jahren verknüpften ihre Bemühungen, um diese Struktur zu erforschen, und langsam kristallisierten sich einige Erkenntnisse heraus. Wenn diese gefundenen Erkenntnisse in der Kunst dargestellt werden, öffnen sie uns einen Weg, der zur Realisierung derselben führt.

Die Entstehungsgeschichte des buddhistischen Maṇḍala

Kunst ist der lebendige Ausdruck von Religiosität. Religion ohne Kunst ist ein totes Lehrsystem, das wirkungslos am Leben vorbeigeht. Solange der Buddhismus sich in den engen Grenzen einer mönchischen Gemeinschaft abspielte, erschöpfte er sich in dogmatischen Streitigkeiten und Diskussionen, die ohne Wirkung auf die in der Welt lebende Gemeinde blieben. Erst mit dem Entstehen des *Mahāyāna* schuf der Buddhismus einzigartige Kunstwerke in Indien und konnte so fast gleichzeitig seine Botschaft in den meisten Ländern Asiens verbreiten. Dies ist umso erstaunlicher, da diese Ausbreitung weder durch Waffengewalt erfolgte noch durch den Einsatz ökonomischer Macht, sondern durch die schöpferische Tätigkeit der kulturellen Stoßkraft des Buddhismus. Dadurch, daß sie den schlummernden Genius unterschiedlichster Völker stimulierte, bewirkte sie eine Eruption künstlerischer Aktivität auf den Gebieten der Architektur, Skulptur, Malerei, Dichtung und Ritualmusik. Auf dem mehr populären Sektor waren es die *Jātakas*, die

die Vorstellungskraft der breiten Massen erregte und die sie sich einsfühlen ließ mit allen lebenden Wesen, während das *Bodhisattva*-Ideal sie gleichzeitig zum Abenteuer der Wahrheitssuche und zum Streben nach Befreiung verpflichtete. Zugleich aber gab ihnen dieses Ideal Hoffnung und Vertrauen, den Weg des Buddha zu gehen und nach dessen höchstem Ziel zu streben, das ihnen bis dahin aufgrund seiner in weiter Ferne liegenden und übermenschliche Fähigkeiten fordernden Größe unerreichbar erschien.

Es ist ein Trugschluß, wenn behauptet wird, daß der Buddha im *Mahāyāna* vergöttlicht wurde, während er im frühen Buddhismus als eine rein menschliche Persönlichkeit betrachtet wurde. Gerade das Gegenteil ist wahr: in den frühen Schulen des Buddhismus war die Stellung des Buddha so erhaben, daß kein menschliches Wesen je hoffen konnte, sie zu erreichen und daß selbst Götter gegen ihn Wesen von minderer Bedeutung waren.

Es gibt eine Geschichte, die uns berichtet, daß der Buddha einst am Fuße eines Baumes inmitten eines Waldes in tiefer Meditation versunken saß. Ein Jäger, der die unbewegliche und leuchtende Gestalt sah, näherte sich und fragte ihn: „Seid Ihr ein Baumgeist?" Der Buddha antwortete: „Nein." - „Aber vielleicht seid Ihr ein Gott?" fuhr der Jäger fort. - Und wieder kam die Antwort: „Nein." - „Seid Ihr dann ein Mensch?" forschte der Jäger, worauf der Buddha antwortete: „Ich bin der Erleuchtete, der Lehrer der Götter und Menschen, der Buddha, der diese beiden Bereiche hinter sich ließ!" - Denn auch Götter sind Sterbliche und müssen - um vom Gesetz des Karma, das sie nur zeitweise vom Wünschen und Leiden freimachte, endgültig loszukommen - im menschlichen Bereich geboren werden.

Der Buddha jedoch wurde als ein Wesen betrachtet, das über den Göttern stand und daher der „Gott der Götter" *(devadevānām)* genannt wurde. Für einen Menschen war es ohne weiteres möglich, als ein Gott wiedergeboren zu werden, wenn er hier ein gottheitliches Leben geführt hatte. Das hatte der Buddha selbst erklärt, als er darlegte, daß der Weg zur Brahmāschaft darin bestehe, daß man die göttlichen Eigenschaften *Brahmās* in diesem Leben verwirkliche. Aber es galt als überheblich, nach Buddhaschaft zu streben, da dies als ein solcher Ausnahmezustand betrachtet wurde, daß es selbst Götter als jenseits ihrer Macht ansahen, diesen Zustand zu erreichen.

Im gegenwärtigen *kalpa* (einem Weltzyklus von astronomischer und fast unvorstellbarer Länge) sei, so dachte man, das Erscheinen von nur fünf Erleuchteten, von fünf Buddhas möglich. Andere *kalpas* waren sogar noch ungünstiger, ja, in einigen von ihnen sollten überhaupt keine Buddhas in Erscheinung treten. Aus diesem Grunde wurde der *Arahat* als das höchste Ideal, das man erreichen konnte, betrachtet, das nur zu erreichen war, wenn sich ein Mensch in seinem Bemühen voll einsetzte. Es war das Ideal des Heiligen, der sich selbst befreit, ohne fähig zu sein, anderen Wesen Freiheit zu geben. Seine Heiligkeit erwuchs aus dem Vermeiden von Übel und Versuchungen und der Übung der Entsagung, ohne daß er jedoch das universelle Wissen um den Dharma hatte und damit auch nicht die Kraft, ihn anderen zu enthüllen.

Das *Mahāyāna* dagegen verwarf dieses Ideal, weil die Befreiung eines *Arahat* lediglich darin besteht, individuelles Leiden durch totale Auslöschung des Lebens zu überwinden, während ein Buddha in diesem seinem menschlichen Körper vollkommene Erleuchtung erlangen und somit alle lebenden Wesen beglükken kann. Deshalb sollte, wenn irgend möglich, jeder nach Buddhaschaft streben, ganz gleich, ob diese nun in einem oder nach vielen Leben verwirklicht werden kann. Denn schließlich haben wir eine unendlich lange Zeit vor uns, so daß wir bei unserem Versuch, das höchste Ideal zu erreichen, nichts verlieren. Ursprünglich, so scheint es, waren *Arahat*, *Pratyeka-Buddha* (der Einzelerleuchtete, der jedoch nicht die Fähigkeit hat, den Dharma zu lehren) und der *Samyak-Sambuddha* (der Vollerleuchtete) Modelle für die Klassifikation von drei verschiedenen Menschentypen. Aber zur Zeit des Königs Kaniṣka (1. Jh. n. Chr.) wurden sie als unterschiedliche Ideale religiösen Lebens betrachtet. Von diesem Gesichtspunkt aus erschien das Ideal des Vollerleuchteten zwangsläufig als das höchste. Daher können in jeder Schule des Buddhismus sowohl Anhänger des Großen Fahrzeuges *(Mahāyāna)* wie des Kleinen Fahrzeugs *(Hīnayāna)* gefunden werden. Etwas jedoch scheint bei diesem noch ungelösten Problem ziemlich klar, daß nämlich Fa-hsien und Hsüan-tsang, deren Chroniken diese Unterscheidung so in den Vordergrund rückten, die chinesische Version der Termini *Mahāyāna* und *Hīnayāna* auf Institutionen übertrugen, die sie als solche zu erkennen glaubten, entweder durch eigene Beobachtungen oder durch Hörensagen. Die gleichen Institutionen aber waren in *Buddhaghosas* Schule unter ganz anderen Bezeichnungen bekannt, so daß wir Rhys-Davids zustimmen müssen, wenn er sagt: „Der Bedeutungsumfang des Wortes ‚*Mahāyāna*' war und ist sehr vage und fließend. Diejenigen, auf die er angewandt wurde, stellten nie eine geschlossene Gruppe dar. Und das betrifft die meisten der sogenannten Sekten. Sie überschnitten sich häufig in ihren häretischen Standpunkten." [+)]

Nur bei den streng konservativen *Theravādins* und vergleichbaren „orthodoxen" Sekten wurde es als Anmaßung betrachtet, nach Buddhaschaft zu streben. Jene jedoch, für die Buddhismus kein bloßes Dogma, sondern eine Überzeugung ihres Herzens war, sahen das Streben nach persönlicher Befreiung als etwas Egoistisches an, da es uns der Möglichkeit beraubt, Erleuchtung mit anderen zu teilen. So wurde Buddhaschaft nicht mehr als ein unerreichbarer, seiner Natur nach einmaliger Geisteszustand betrachtet, sondern als etwas, das jedem erreichbar war, der die entsprechenden Anstrengungen unternahm. Auf diese Weise wurde der Buddha ein Vorbild für jedes

[+)] C.A.F. Rhys-Davids: Points of Controversy, Kathavatthu, S. 45 - 46

menschliche Individuum und verblieb nicht mehr im Bereich eines unerreichbaren Ideals. In seiner Verwirklichung erkannte man das innerste Wesen und die höchste Entwicklung des Menschseins, jenseits von Kaste, Glaube, Geschlecht, Rasse oder Nationalität. Das aber war etwas völlig Neues im alten Indien, wo Religion und Kaste eine geschlossene Einheit bildeten.

So wurde der Buddhismus der erste Botschafter indischer Kultur in fremden Ländern, und dies wurde, wie wir bereits sahen, nicht durch Kriege, Waffengewalt oder durch politischen bzw. ökonomischen Druck erreicht, sondern dadurch, daß man andere von der Wahrheit des Dharma überzeugte.

Das Streben nach Buddhaschaft aber minderte nicht die herausragende Stellung des Buddha, sondern brachte ihn denen näher, die sich mit seiner Lehre in Einklang fühlten. Und selbst wenn man dem Buddha göttliche Eigenschaften zusprach, so trennte ihn dies nicht von seinen Anhängern, denn sie waren überzeugt, daß jene Eigenschaften allen Wesen inhärent seien und nur entwickelt werden müßten, um Erleuchtung zu verwirklichen. In Indien wurde niemals eine so scharfe Trennungslinie zwischen Menschlichem und Göttlichem gezogen wie im Westen, ein Faktum, das von westlichen Gelehrten nie richtig erkannt wurde, die der Meinung waren, daß der Buddha durch das *Mahāyāna* - im Widerspruch zu seinem menschlichen Ursprung - vergöttlicht wurde: unbewußt projizierten sie die christliche Gottesidee in die buddhistische Terminologie hinein, wo Menschen Götter und Götter Menschen werden können, ganz entsprechend ihrem Karma bzw. ihrer geistigen Entwicklung. Die göttlichen Eigenschaften eines Buddha sind Weisheit und Mitleid. Kein wirklicher Buddhist aber würde den Buddha verantwortlich machen für die Erschaffung der Welt. Denn die Konzeption von einem Schöpfergott, die im vorderasiatischen Kulturraum beheimatet ist, unterscheidet sich grundsätzlich von dem indischen Verständnis der *devas*. Wenn wir daher die historische und geistige Entwicklung des Buddhismus verstehen wollen, müssen wir uns dazu bequemen anzuerkennen, daß die Auffassung von Buddhaschaft sich von einem unerreichbaren, quasi transzendenten Zustand zu einem erhabenen, aber erreichbaren Ideal wandelte.

Das früheste Maṇḍala

In einigen der ersten großen Dokumente zu Ehren des Buddha wagte die extrem ehrfürchtige Gemeinde nicht, den Buddha in menschlicher Gestalt abzubilden, sondern stellte seine Gegenwart nur symbolisch dar, indem sie seine Fußabdrücke - teilweise durch Lotusse dargestellt - oder seinen leeren Thron abbildete. Die erste Reaktion gegen diese extreme Vergöttlichung des Buddha, die ihn von seinen ergebensten Anhängern zu trennen versuchte, war eine Personifikation seines Bildnisses. In der graecokolonialen Kunst Gandhāras war die porträthafte Darstellung oft oberflächlich und nichtssagend, denn obwohl es Ausnahmen gibt, müssen wir festhalten, daß die Masse der Gandhārakunst im allgemeinen nur eine sehr mäßige Imitation griechischer Skulptur ist, die den Falten der Robe mehr Bedeutung beimißt als den charakteristischen Zügen des Gesichtes. Glücklicherweise jedoch schuf der den Künstlern eigene Geist der Hingabe bald eine dem Wesen mehr entsprechende Kunst, die nicht länger danach trachtete, irgendein bestimmtes menschliches Wesen zu porträtieren, sondern vielmehr versuchte, Heiterkeit, Frieden und innere Glückseligkeit als die Hauptcharakterzüge eines Erleuchteten zum Ausdruck zu bringen. Die Bildnisse des Buddha wurden jetzt immer mehr zum Ausdruck der Verinnerlichung bzw. tiefer Meditationszustände, der Erleuchtung und des Gleichmutes. Sie ließen jetzt etwas Erhabenes und Edles durchscheinen, und es war der Adel von Weisheit und Mitleid, der uns auch heute noch innerlich bewegt und inspiriert, gleichgültig, ob wir religiös eingestellt sind oder nicht. In diesen Bildern finden wir etwas, das sowohl menschlich als auch göttlich ist, etwas, das unsere Herzen in einem Maße anrührt wie nichts anderes, sei es nun weltliche Macht, ein allmächtiger Weltschöpfer etc. Selbst als diese Bildnisse später dann stilisiert und von Konventionen geprägt wurden, erinnerten sie fortgesetzt an Eigenschaften und hohe Ideale, so wie Chiffren einer alten Sprache, die uns an etwas erinnern, das vor langer Zeit erreicht wurde. Diese alte Sprache, die die Charakteristika eines Erleuchteten zum Ausdruck bringt, ist uns vornehmlich in den verschiedenen *mudrās* oder Gesten des Buddha erhalten geblieben, wobei diese Gesten Symbole der verschiedenen Stufen geistiger Entwicklung sind, die der Buddha durchlief und die jeder wahre Buddhist, der nach dem höchsten Ziel der Befreiung und Erleuchtung strebt, ebenso zu durchlaufen hat.

So geschah es, daß sich bei der Errichtung des frühesten buddhistischen Bauwerkes die Leute nicht damit zufriedengaben, die Reliquie des Buddha in einem großartigen *Stūpa* zu erhalten, sondern diesen zu einem Zentrum der Verehrung machten, indem sie um ihn herum einen Umwandlungsweg vorsahen, der von einem Steinzaun mit vier Toren umgeben war, wobei jedes Tor eines der vier wichtigen Ereignisse im Leben des Buddha markierte. So symbolisierte das östliche Tor seine Geburt, das südliche Tor (das zugleich den Zenit der Sonne darstellt) seine Erleuchtung, das westliche Tor seine erste Lehrdarlegung in Isipatana und das nördliche Tor sein *Parinirvāṇa*. Sie verglichen den Buddha, dessen Reliquien in der Mitte oder in der Spitze des *Stūpa* aufbewahrt wurden, mit der geistigen Sonne, deren Strahlen die Welt erleuchten, während jene, die diese Strahlen empfingen, sich wie die Planeten um die Sonne bewegten, d.h. von links nach rechts auf jener *pradakṣinapatha*, dem Pfad der Umwandlung. Auf diese Weise wurde das erste Maṇḍala erschaffen, und es wurde ein Modell für alle nachfolgenden Maṇḍalas, die zunehmend vervollkommnet und verfeinert wurden. Das allen zugrundeliegende Prinzip war dabei die sonnenorientierte Aufeinanderfolge der wesentlichen

Ereignisse im Leben des Buddha *Śākyamuni*, dessen Leben modellhaft für die wichtigsten Stationen im Leben all der Buddhas stand, die (entsprechend den Schriften) auf Erden erschienen waren. Und doch gab es da einen wesentlichen Unterschied: seine irdische Geburt betrachtete man bald als weniger wichtig als sein geistiges Erwachen unter dem Bodhibaum. So wurde sein Erwachen mit dem Aufleuchten der ersten Strahlen der aufgehenden Sonne im Osten verglichen, und den Höhepunkt seines Lebensweges sah man jetzt in seinem Entschluß, sich selbst und seine Botschaft der Welt zu geben, obwohl er voraussah, daß nur wenige fähig sein würden, die Tiefe seiner Lehre zu erfassen. Die Westposition war nun der Meditation vorbehalten, in der das Dharma-Auge sich öffnet. Den Norden schließlich verglich man mit dem *Parinirvāṇa* bzw. mit der Befreiung vom *Karma* durch ein karmafreies Handeln. Das Zentrum schließlich besetzte man durch das Symbol universeller Buddhaschaft, dargestellt durch einen Buddha in der *dharmacakra-mudrā*, der „Geste des In-Bewegung-Setzens der Lehre". Das *dharma-cakra* aber wurde so zum zentralen Symbol des Buddhismus.

Die fünf *Dhyāni*-Buddhas

Diese fünf Ereignisse im Leben des historischen Buddha entsprechen den meditativen Erfahrungen der Buddhaschaft in Gestalt der fünf *Jinas* oder *Dhyāni*-Buddhas, die in den nachfolgenden Jahrhunderten die fünf Positionen in den Maṇḍalas des

Vajrayāna besetzen, wobei das Grundmaṇḍala *Akṣobhya* im Osten, *Ratnasambhava* im Süden, *Amitābha* im Westen, *Amoghasiddhi* im Norden und *Vairocana* im Zentrum plaziert. Sie unterscheiden sich durch die ihnen zugeteilten Farben, Gesten *(mudrās)* und Fahrzeuge *(vahana)*.

Ihre Farben entsprechen den Himmelsrichtungen und den Strahlen der Sonne: Weiß in der Stunde vor Sonnenaufgang im Osten, Gelb am Zenit im Süden, Rot zur Stunde des Sonnenuntergangs, Dunkelgrün um Mitternacht im Norden und Blau im Zentrum. Blau und Weiß sind in gewissen Fällen austauschbar.

Wesentlich bedeutender sind die Gesten *(mudrā)*: der im Osten thronende *Akṣobhya* wird in der Erdberührungsgeste *(bhūmisparśamudrā)* dargestellt, *Ratnasambhava* im Süden in der Gebegeste *(dānamudrā)*, *Amitābha* im Westen in der Meditationsgeste *(dhyānamudrā)*, *Amoghasiddhi* in der Geste der Furchtlosigkeit *(abhayamudrā)* und *Vairocana* (der Sonnenbuddha) in der *dharmacakra-mudrā*.

Um den historischen Buddha *Śākyamuni* von *Akṣobhya* unterscheiden zu können, die oft beide in der Erdberührungsgeste dargestellt werden, müssen wir ihre Fahrzeuge bzw. Reittiere beachten: für *Akṣobhya* ist es ein weißer Elefant, für *Śākyamuni* ein Hirsch (da er ja seine erste Lehrrede im Hirschpark von Isipatana hielt). Das Reittier *Ratnasambhavas* ist das Pferd, das Symbol der Befreiung, da der Buddha sein Heim auf einem Pferde verließ. *Amitābhas* Reittier ist der Pfau, dessen Gefieder die farbenprächtigen Strahlen der untergehenden Sonne symbolisieren, während das Tragtier *Amoghasiddhis* jener mystische Garuda ist, der - halb Mensch, halb Vogel - den Übergang vom menschlichen zum übermenschlichen Bereich symbolisiert, ein Prozeß, der in der mystischen Dunkelheit der Mitternacht, dem Auge nicht wahrnehmbar, vonstatten geht.

Die Funktionen dieser *Dhyāni*-Buddhas, die sowohl immanent wie transzendent sind (denn sie transzendieren die objektive und begrenzte Existenz), kommen in ihren Gesten deutlich zum Ausdruck. Sie sind Ausdruck der vier Geisteshaltungen, die im Mittelpunkt des Maṇḍala zusammenklingen und sich hier zur universellen Ganzheit der *dharmadhātu*-Weisheit vereinigen, in der *paramārtha-satya* realisiert wird.

Die erste der vier Bewegungen, die zum Zentrum führen, ist die Weisheit des Großen Spiegels, in dem wir die Welt sehen, wie sie ist *(yathā-bhūtam)*, und damit zugleich unsere eigene Stellung in ihr erkennen. Dies findet seinen Ausdruck in der Erdberührungsgeste, d.h. in der Berührung jener festen Basis, auf der wir stehen und die gleichzeitig die Totalität unserer Vergangenheit ist. Die zweite Weisheit findet ihren Ausdruck in *Ratnasambhavas* Geste des Gebens, der Weisheit der Wesensgleichheit aller Wesen, deren aller Natur Leerheit *(śūnyatā)* ist. Die dritte Weisheit ist die der Unterscheidung und Schauung, verkörpert in *Amitābha*, der in Meditationshaltung verharrt. Durch diese Weisheit erkennen wir über die essentielle

Gleichheit aller Wesen hinaus deren Unterschiedlichkeit und Differenzierung. Im Annehmen dieser Unterschiedlichkeit werden wir reif für die vierte Weisheit, die alle Dinge ins Vollkommene bringt und die von Toleranz und Mitempfinden bestimmt wird. Sie findet ihren Ausdruck in *Amoghasiddhis* Geste des Segnens und der Furchtlosigkeit, die ihren Ausdruck im karmafreien Handeln findet. Im Zentrum vereinen sich diese vier Weisheiten. Hier thront *Vairocana* mit der Geste des In-Bewegung-Setzens des Rades des Dharma, d.h. des universellen Gesetzes. Da Buddha *Śākyamuni* manchmal ebenfalls mit dieser *Mudrā* dargestellt wird, hat *Vairocana* zwei Löwen als Tragtiere seines Thrones.

Es könnte sich nun die Frage erheben: Sind diese *Dhyāni*-Buddhas nicht etwas Irreales, da sie ja keinen historischen Hintergrund haben? Ich würde sagen: sie sind realer, da sie in der Meditation erfahren werden können. Eine geisterschaffene Wirklichkeit kann sogar eine äußere Form annehmen, weil Form nicht verschieden von Leerheit *(śūnyatā)* ist, d.h. von jener erfüllten Leerheit, von der das *Prajñā-pāramitā-Sūtra* spricht. Hier beginnt das große Mysterium der Wirklichkeit, das nur im meditativen Erleben und in der schöpferischen Schau unsterblicher Kunst gelöst werden kann.

Die Acht Erscheinungsformen des Guru Padmasambhava

Guru Padmasambhava wurde im Jahre 774 von König Tisong Detsen *(khri-srong-lde-btsan)* nach Tibet eingeladen, wo er im Jahre 787 in Samye *(bSam-yas)* das erste buddhistische Kloster stiftete und die älteste Schule des tibetischen Buddhismus, bekannt als Nying-ma *(rNying-ma)*, begründete.

Er war einer der größten Gelehrten und Yoga-Meister seiner Zeit. Er beherrschte das Wissen und die Praktik aller wesentlichen *sādhanās* und Yoga-Methoden tantrischer wie vortantrischer Zeit und hatte Initiationen in acht grundlegende Lehren erhalten. Die acht Gestalten, in welchen Padmasambhava dargestellt wird, sind daher nicht verschiedene *Inkarnationen*, wie gemeinhin angenommen wird, sondern Darstellungen seiner acht wesentlichen *Initiationen*, in deren jeder er eine neue Persönlichkeit annahm, symbolisiert durch einen neuen Namen, wie man ihn in höheren Formen der Initiation bekommt, und durch eine diesem Namen entsprechende Erscheinungs-

Guru Padmasambhava

form, die zum Ausdruck bringt, daß eine Initiation gleichbedeutend ist mit dem Eintritt in ein neues Leben und daher auch eine Form von Wiedergeburt ist.

In der zentralen und charakteristischsten Gestalt erscheint Padmasambhava in den prächtigen Gewändern des Königs von Sahor, wobei er zugleich die Insignien spiritueller Verwirklichung in den Händen hält:

1. Den *khaṭvāṅga*, einen Stab, gekrönt von: a) einem Doppelvajra *(viśvavajra)*, dem Symbol der Universalität und der „Weisheit, die alle Werke vollendet", - b) einem Gefäß, welches das Elixier der Unsterblichkeit enthält *(amṛta-kalaśa)*, - c) zwei menschlichen Häuptern und einem Totenschädel, die Gier, Haß und Unwissenheit symbolisieren und die überwunden wurden durch das Wissen von den drei Welten und den drei Zeiten, symbolisiert durch d) einen flammenden Dreizack *(triśul)*. Der Stab selbst stellt die *suṣumṇā* oder den zentralen Strom der psychischen Energie dar, welcher die solaren und lunaren Kräfte *(piṅgalā* bzw. *iḍā* [+]*)* in einer mächtigen aufwärts drängenden Bewegung bewußter Verwirklichung vereint. So stellen alle diese Symbole unterschiedliche Aspekte der Einsicht in die Natur der Wirklichkeit dar.

2. Die Schädelschale *(kapāla)*, in der sich das Gefäß mit dem Wasser der Unsterblichkeit *(amṛta-*

[+] In buddhistisch-tantrischer Terminologie: *suṣumṇā* - *Avadhūti* (tib. *dbu-ma*), *piṅgalā* - *Rasanā* (tib. *ro-ma*), *iḍā* - *Lalanā (tib. brkyan-ma)*.

kalaśa) befindet, ruht in der linken Hand des Guru, denn das Wissen oder die bewußte Erfahrung des Todes, die in den höheren Formen der Initiation gewonnen wird, führt zur Verwirklichung der Unsterblichkeit, zur Erfahrung des Größeren Lebens. Die *amṛta-kalaśa* ist überdies ein Attribut des *Amitāyus*, des Buddha des Unbegrenzten Lebens, der der *Sambhogakāya*-Reflex des *Dhyāni*-Buddha *Amitābha* ist.

3. Der *Vajra* in der rechten Hand des Guru (erhoben im *abhaya-mudrā* der Geste der Furchtlosigkeit

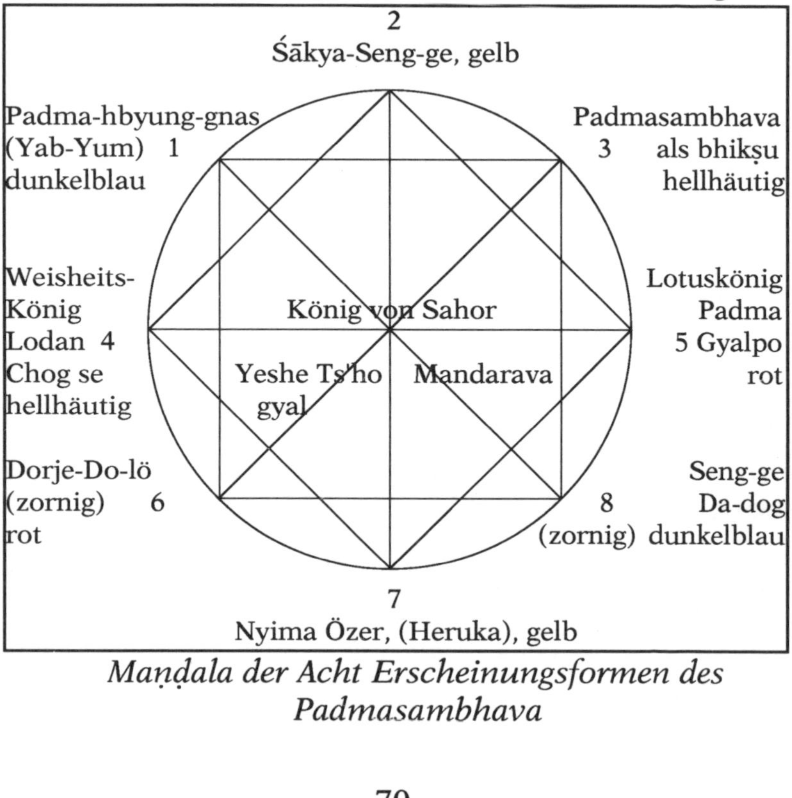

Maṇḍala der Acht Erscheinungsformen des Padmasambhava

und des Segnens) ist das Zepter spiritueller Kraft, das heißt das Mittel, durch das Weisheit in Tat umgesetzt wird. Er kann aber auch in drohender Geste gehalten werden: die Hand befindet sich dann oberhalb des rechten Knies, um so die Mächte des Bösen zu bändigen.

In einem tibetischen Andachtstext ist Padmasambhava mit den folgenden Worten beschrieben:

> ER, der das Ende der Verwirrung und der Beginn der Verwirklichung ist,
> Trägt die prächtigen Gewänder der drei Fahrzeuge (der Befreiung),
> Er hält den *Vajra* des rechten Gebrauchs der Mittel in seiner rechten Hand
> Und hält in seiner linken die Schädelschale der Weisheit mit dem Elixier des Lebens.
> Er schlägt dem Haß, der Gier und der Unwissenheit die Köpfe ab
> Und trägt sie wie einen Schmuck an seinem Dreizack.

Sein Hut (bekannt als „Lotus-Kappe") ist geschmückt mit den Symbolen des zunehmenden Mondes, der Sonnenscheibe und einer flammenartigen Protuberanz (tib. *thig-le*), welche die Vereinigung der lunaren und solaren Kräfte anzeigt, das heißt: die Verwirklichung der *Dharmadhātu*-Weisheit. Der Hut wird gekrönt von einem *Vajra* und einer Adlerfeder. Letztere bedeutet den sich aufschwingenden Geist des Guru, der die höchsten Bereiche der Wahrheit durchdringt.

Die Hauptfigur Padmasambhavas wird von zwei weiblichen Verehrerinnen flankiert, die oft als seine beiden Gemahlinnen bezeichnet werden, eine Fehldeutung, die man sowohl in populären als auch in wissenschaftlichen Veröffentlichungen wiederholt finden kann. Evans-Wentz identifiziert die beiden Figuren als *Bhāsadhārā*, die Königin von Sahor, und Prinzessin *Mandāravā*. Aber seit Padmasambhava seinen königlichen Palast verlassen und sein Königreich - wie Buddha *Śākyamuni* vor ihm - aufgegeben hatte, spielte *Bhāsadhārā*, mit der er verheiratet war, keine weitere Rolle in seinem Leben. Vielmehr wurden jetzt zwei Verehrerinnen und Jüngerinnen, die indische Prinzessin *Mandāravā* und die Tibeterin Khadoma *Yeshe Ts'ho-gyal* von größter Bedeutung. Beide werden als Reinkarnationen göttlichen Ursprungs angesehen. Khadoma *Yeshe Ts'ho-gyal*, die als Inkarnation der Göttin des Lernens, *Sarasvatī*, betrachtet wurde, war mit einem so vollkommenen Gedächtnis begabt, daß sie sich jedes Wort des Guru merken konnte. Auf diese Weise wurde sie zu Padmasambhavas einzigem Biographen. Ikonographisch wird sie im Gewand eines himmlischen Wesens mit weißer Gesichtsfarbe gezeigt, angetan mit traditionellem Schmuck und fliegenden Schärpen, während *Mandāravā* im allgemeinen in der Tracht einer indischen Gebirgsprinzessin gekleidet ist. Ihr Gesicht ist von gelblicher Farbe. Sie bringen beide *amṛta* dar, entweder in einer Schädelschale oder in einem vasenähnlichen Gefäß.

Über dem Haupt Padmasambhavas ist oft der rote *Dhyāni*-Buddha *Amitābha*, der Buddha des Unbegrenzten Lichtes, sichtbar. Er ist der geistige Quell Padmasambhavas, der somit als ein verkörperter Strahl *Amitābhas* auf der irdischen Ebene bezeichnet werden kann.

Darum heißt es auch in den Widmungsversen am Anfang des Bardo Thödol *(bar-doḥi thos-grol)*, dem Buch von der spontanen Befreiung aus dem Zwischenzustand zwischen Leben und Wiedergeburt, das als „Das tibetische Totenbuch" bekannt wurde und Padmasambhava zugeschrieben wird:

> Amitābha, [dem Buddha des] Unbegrenzten Lichtes,
> als dem Dharmakāya (dem Körper des Universellen Gesetzes),
> Den friedvollen und zornigen Gestalten [der Dhyāni-Buddhas] der Lotus-Ordnung als dem Sambhogakāya (dem Körper der Spirituellen Freude),
> Padmasambhava, dem Beschützer aller fühlenden Wesen, als der menschlichen Inkarnation
> (Nirmānakayā: Körper der Transformation):
> Gehorsam ihnen, den Gurus der Drei Körper.

Sonne und Mond, wie sie im oberen Raum jedes Thangkas zu sehen sind, repräsentieren die spirituellen Kräfte *Piṅgalā* und *Iḍā*, welche das Universum bewegen und als zwei Energieströme den menschlichen Körper durchfließen.

Gruppiert um das Hauptbild Padmasambhavas, der das Zentrum des neunfältigen Maṇḍala darstellt, sehen wir seine acht Erscheinungsformen:

1. *Padma-hbyung-gnas* (die tibetische Bezeichnung für „Der Lotusgeborene"): Padmasambhava erscheint hier in seiner *Vajrasattva*-Gestalt, dunkelblau und umarmt von seiner *Prajña*, die die Verkörperung seiner Weisheit ist (im allgemeinen lichtblau, manchmal auch weiß dargestellt). Denn - gemäß seiner symbolischen Biographie - verkörperte er den Aspekt *Vajradhāras*, als er in die Lehre von der Großen Vollendung *(rDzogs-chen)* eingeweiht wurde, in der die unzerstörbare und transparente Diamantnatur unseres innersten Seins realisiert wird.

2. *Guru Śākya-Seng-ge*: „Der Löwe aus dem *Śākya* Clan". In dieser Gestalt wird Padmasambhava als mit *Śākyamuni*, dem historischen Buddha, identisch betrachtet, wodurch seine Initiation in die Lehren der frühesten Schulen des Buddhismus, wie sie vom Kleinen Fahrzeug *(Hīnayāna)* vertreten werden, dargestellt werden soll.

3. *Guru Padmasambhava* als *bhikṣu* oder Pandit des Großen Fahrzeuges, was auf seine Initiation in die Lehren des *Mahāyāna* und sein Betreten des Bodhisattva-Pfades hinweisen soll.

4. *Guru Lo-dan Chog-se (bLo-lDan mChog-sred):* „Der Guru, der die Weisheit und die höchste Zielstrebigkeit besitzt". Er erscheint hier in königlichen Gewändern. Seine erhobene rechte Hand hält einen

ḍamaru, von dem der ewige Klang *(śabda)* des Dharma rhythmisch ausgeht und das Universum durchdringt. Die linke Hand hält die Schädelschale mit *amṛta*.

5. *Guru Padma Gyalpo*, „der Lotus-König" ist der vorangegangenen Figur sehr ähnlich und unterscheidet sich hauptsächlich von dieser durch den Spiegel der Wahrheit in der linken Hand. Manchmal ist er auch mit dem Spiegel in seiner rechten Hand dargestellt, in diesem Fall hält die linke Hand die Schädelschale. In einigen Thangkas sind die Embleme dieser und der vorhergehenden königlichen Gestalt vertauscht, so daß diese beiden Figuren mehr oder weniger austauschbar erscheinen.

6. *Guru Dorje-Do-Lö (rDo-rJe Gro-lod)*, „der Diamantene Tröster" (?), ist eine zornige Erscheinung *(krodha-bhairava)* von roter Farbe und von Flammen umgeben, die das Wissen in seinem „schrecklichen", das heißt alle Illusionen verzehrenden Aspekt symbolisieren. Er reitet auf einem Tiger und hält in seiner ausgestreckten rechten Hand einen *Vajra*. In seiner linken Hand hat er eine *phur-bu* (sanskr.: *kīla*), einen magischen Dolch, der üble Einflüsse vernichtet, Dämonen austreibt und die Mächte der Finsternis hinwegfegt. Die am Boden unter dem Tiger hingestreckte menschliche Gestalt stellt einen besiegten Dämon dar.

7. *Guru Nyima Özer (Nyi-ma hOd-gzer)*, „der Sonnenstrahl-Guru": Hier erscheint Padmasambhava als Asket des unbekleideten *Heruka*-Typs. Seine linke

Hand (manchmal seine rechte) hält die Sonne an einem Strahl, während die andere Hand einen Stab *(khaṭvāṅga)* umfaßt, der in einem Dreizack endet. Er trägt eine Schädelkrone, und um seine Lenden hängt ein Tigerfell. Seine Farbe ist Gelb.

8. *Guru Seng-ge Da-dog (Seng-ge sgra-sgrogs)*: „Der Guru mit der donnernden Stimme eines Löwen" ist eine dunkelblaue dämonische Figur, bekleidet mit einem von den Schultern herabbaumelnden Löwenfell und einem Tigerfell als Lendenschurz. Er ist von Flammen umgeben. In seiner rechten Hand schwingt er in bedrohlicher Weisc einen *Vajra*, während die linke Hand entweder frei ist oder eine Glocke *(ghaṇṭā)* vor der Brust hält. Er steht auf den Körpern zweier besiegter Dämonen.

Nachbemerkung:

Dieser Artikel wurde ursprünglich als Interpretation eines bestimmten Thangka geschrieben. Nachdem dem Verfasser dann ein größeres Material zur Verfügung stand, wurde der Artikel neu abgefaßt, um das allen Darstellungen Gemeinsame herauszustellen, gewisse Alternativen zu geben und um vor allem das grundlegende Maṇḍala herauszuarbeiten, welches - wie das vom Verfasser entworfene Diagramm zeigt - einen klaren Aufbau hat. Es stellt sich auf drei Ebenen dar: 1. auf der der friedvollen Formen (*śānta*, tib. *zhi-ba*) als höchste Ebene, 2. auf der der königlichen Verkörperungen als der mittleren Ebene und 3. auf der der *Bhairāva-* (tib. *drag-po*) und *Heruka*-Formen unten, die man vielleicht als „ekstatische" Formen zusammenfassen kann.

Schaubildentfaltung und tantrische Meditation

Immer wieder kann man von Buddhisten und Nicht-Buddhisten den Einwand hören, daß Schauungen - künstlerischer wie meditativer Art - nichts „Letztes“ seien. Aber auch Werte und Ideen sind nichts Letztes; und die Gefahr, an ihnen zu haften, ist - besonders beim intellektuellen Europäer - um so größer, als Worte eine einengende, beschränkende Tendenz haben, während erlebte Symbole echter Schauungen etwas Lebendiges, Wachsendes, innerlich Reifendes sind. Sie weisen und wachsen über sich hinaus: sie sind zu immateriell, zu „transparent“, um dinghaft zu werden, um zum Haften zu reizen; sie können weder „gefaßt“ noch eindeutig umschrieben oder definiert werden und haben die Tendenz, vom Formhaften zum Formlosen zu wachsen, - während das Nur-Gedachte die umgekehrte Tendenz hat, nämlich sich zum Dogma zu verhärten.

Die tibetische Meditationspraxis besteht aus dem „Gang der Entfaltung“ *(rye-rim)* und dem „Gang der

Einschmelzung“ *(dzog-rim)*. Der erstere macht geistige Vorgänge sichtbar, er „verwirklicht“, realisiert sie (im doppelten Sinne des englischen Wortes „to realize“), - der letztere zeigt ihre Nicht-Absolutheit *(anattatā)*, ihre Relativität und Aufhebbarkeit. Dies wird in jedem tibetischen Meditationstraining gelehrt, so daß es absolut keinen Raum zu Mißverständnissen oder zum Haften gibt.

Im Gegenteil, derjenige, der weiß, daß „Wirklichkeit“ das Produkt unseres eigenen Wirkens ist *(mano pubbaṅgamā dhammā)*, wird von der materialistischen Vorstellung der Welt (als einer an sich bestehenden oder „gegebenen“ Wirklichkeit) auf die alleranschaulichste Weise befreit. Dies ist bei weitem überzeugender als alle theoretischen oder philosophischen Erörterungen. Es ist praktische Erfahrung, denn „das Schauen *verwandelt* den Schauenden; was offenbar den äußersten Gegensatz zum Wahrnehmungsakte anzeigt, der den Wahrnehmenden vom Wahrnehmungsdinge abhebt und ihn erst eigentlich vergewissert des begrenzten Fürsichseins“. (Klages) - Ein Ding existiert nur insoweit, als es wirkt. Wirklichkeit ist Wirken. Ein wirkendes Symbol oder Schaubild *ist* Wirklichkeit. In diesem Sinne sind die in der Meditation geschauten *Dhyāni*-Buddhas wirklich (ebenso wirklich wie der sie schaffende Geist), während der nur als einmalige, historische Persönlichkeit *gedachte* Buddha in diesem Sinne unwirklich ist. Ein nichtwirkendes Symbol oder Bild ist leere Form, ein bestenfalls dekoratives Gebilde oder die Erinnerungsform eines Begriffes oder eines der Vergangenheit angehörigen Gedankens oder Geschehens.

Deshalb nehmen alle großen tantrischen Meditationen das universelle Ziel, die große mystische Synthese, die ideale Buddhaschaft vorweg, und erst nachdem sie den Meditierenden mit dem Ziel identifiziert haben, überlassen sie ihn der Vielfältigkeit meditativer Erlebnisse und Methoden. - Gleichwie ein Bogenschütze sein Ziel ins Auge nimmt, mit ihm eins wird, um es mit Sicherheit zu treffen, so muß der Meditierende vorerst sich sein Ziel vergegenwärtigen und völlig mit ihm eins sein. Dies gibt seinem inneren Streben die Richtung und den Impetus, so daß, welche Wege und Methoden er auch wählt, seien sie aufbauend oder unterscheidend, gefühlsmäßig oder verstandesmäßig, schöpferisch oder analytisch: er wird immer auf das Ziel hin fortschreiten und sich weder in der Öde der Zergliederung verlieren noch an den Schöpfungen seiner Vorstellung haften. Die letztere Gefahr wird durch die auflösende, integrierende Aktion des Einschmelzungsprozesses *(dzog-rim)* vermieden.

Die Demonstration der Fähigkeit, eine Welt zu schaffen und wieder aufzulösen, zeigt mehr als alle mechanistische Analyse des Verstandes die wahre Natur aller Erscheinung und die Sinnlosigkeit alles Haftens und Begehrens.

Teil 3

VERTRAUEN IN DIE ERFAHRUNG

Der Bereich des Religiösen

Der Bereich des Religiösen ist eine spezifische Form menschlicher Erfahrung oder richtiger: Ausdruck eines inneren Erlebens. Eine wissenschaftlich objektive Darstellungsweise kann daher dem religiösen Bereich nie ausreichend gerecht werden, da sie das Wesentliche nicht erfaßt. Als subjektives Erlebnis wird das Religiöse in dem Augenblick, in dem wir es zum Objekt intellektueller Betrachtung oder Beobachtung machen, seiner lebendigen Unmittelbarkeit beraubt.

Zweifellos weist jede Religion objektivierbare Züge auf, die wir darlegen und interpretieren können. Aber jede Interpretation ist bereits Ausdruck unserer subjektiven Stellungnahme, und dies um so mehr, als wir regelmäßig Wortsymbole fremder, heute meist nicht mehr gesprochener Sprachen, die einem Denken vergangener Zeit entstammen, in das Medium unserer eigenen Sprache, die das Produkt unserer gegenwärtigen Kultur ist, übersetzen müssen. Dazu bedarf es eines außergewöhnlichen Einfühlungsvermögens, das nur dann in einem Menschen reifen kann, wenn er sich über Jahre völlig mit dem Gehalt einer noch lebendigen religiösen Tradition in einer solchen Weise identifiziert hat, daß er sie assimilierend im schöpferischen Nachvollzug in sich integriert. Doch gerade dies ist leider bei den meisten Übersetzern und Interpreten, die von der rein wissenschaftlichen Philologie und Kulturgeschichte herkommen, nicht der Fall. Sie sind oft nicht imstande, vorgefaßte und teilweise übernommene Meinungen aufzugeben, wie sie denn auch um der „Wissenschaftlichkeit" ihrer Ausführungen willen nicht bereit sind, sich dem Erlebnisgehalt jener Religionen zu öffnen, die sie zu interpretieren unternommen haben. Aber gerade diese Bereitschaft, sich neuen Erlebnismöglichkeiten zu öffnen, ist eine unerläßliche Voraussetzung dafür, daß wir anstelle bloßer Theoreme den wahren Gehalt einer Religion aufgrund eigener Erfahrung anderen zumindest als Ahnung erschließen können.

Jede Religion ist der Spiegel seelischer Zustände einer Menschheit, die unter den verschiedensten sozialen und kulturellen Bedingungen ihr religiöses Erleben zum Ausdruck brachte. Wertungen sind hier ebenso wie Unterscheidungen zwischen Primitiv- und Hochreligionen unangebracht, da der sogenannte Primitive dem unmittelbaren Erleben der Transzendenz oft näherkommt als manche Angehörigen von Hochkulturen, deren Empfinden von vielen Vorurteilen verstellt ist und die zu einem ganzheitlichen Erfassen des Lebens nicht mehr in der Lage sind. So wird das Religiöse auf gesellschaftliche Verhaltensmuster und Formen reduziert und abgespalten vom Alltagsleben. Dieser Verlust der Ganzheit bedeutet aber gleichzeitig den Verlust der eigenen Mitte, der durch die Spaltung des lebendigen Daseins in voneinander getrennte Bereiche heute so evident ist. Diese Entwicklung abendländischer Kultur beunruhigte bereits Goethe, als er seinen Zeitgenossen zurief: „Natur hat weder Kern noch Schale. Alles ist sie mit einem Male.“ Erleben ist immer ganzheitlich und kennt nicht die Ausschließlichkeit aristotelischer Logik.

Was unsere Zeit daher braucht, ist die Belebung und Stimulation religiösen Erlebens, wobei wir immer bedenken mögen, daß die Erlebnisse unserem derzeitigen Reifezustand entsprechen und sich im Verlauf unserer Entwicklung ständig wandeln, so wie wir durch sie gewandelt werden.

Diese Erfahrung aber befähigt uns, anderen religiösen Erlebnisformen stets mit Respekt zu begegnen, ohne uns vorschnelle Urteile anzumaßen. Vielmehr werden wir uns bemühen, jede Form religiösen Erlebens zu verstehen, ohne sie jedoch unbedingt zu unserer eigenen machen zu wollen. Dies aber ist die Grundlage echter Toleranz, die jedoch auf Eigenentscheidung nicht verzichtet.

Diese Grundeinstellung wurde von keinem religiösen Lehrer so deutlich ausgesprochen wie vom Buddha in seiner Rede an die Kalamer:

> Geht, Kalamer, nicht nach Hörensagen, nicht nach Überlieferungen, nicht nach Tagesmeinungen, nicht nach der Autorität heiliger Schriften, nicht nach bloßen Vernunftgründen und logischen Schlüssen, nicht nach erdachten Theorien und bevorzugten Meinungen, nicht nach dem Eindruck persönlicher Vorzüge, nicht nach der Autorität eines Meisters! Wenn ihr aber, Kalamer, selber erkennt: ‚Diese Dinge sind heilsam, sind untadelig, werden von Verständigen gepriesen und, wenn ausgeführt und unternommen, führen sie zu Segen und Wohl', dann, o Kalamer, mögt ihr sie euch zu eigen machen.
>
> (*Aṅguttara Nikāya* III,66)

Wenn wir den lebendigen Gehalt einer Religion erfassen wollen, müssen wir uns bewußt sein, daß *jede* Religion etwas Lebendiges, Organisches ist, das einem steten Wachstum und Wandel unterworfen ist bei immer erneuter Umwertung aller Werte. Wenn dieser Prozeß zum Stillstand kommt, erstarrt das religiöse Leben im Dogma und die Darstellung unmittelbaren Lebens zur Scholastik, die ihrerseits zu einer bloßen tradierten Form herabsinkt, aus der alles Leben entflohen ist.

Wenn wir Religionen jedoch als lebendige Organismen erkennen, müssen in unsere Betrachtung ihre jeweiligen historischen Entwicklungsphasen einbezogen werden, da diese sich notwendigerweise als Ausdruck lebendigen Wachsens ergeben. Sie sind einerseits durch Entfaltung der keimhaft von Anbeginn angelegten Tendenzen charakterisiert und andererseits durch die jeweiligen veränderten kulturellen und sozialen Verhältnisse des Umfeldes bedingt.

Der Ausgangspunkt der Lehre des Buddha unterscheidet sich von dem anderer Religionen dadurch, daß er auf einer allgemein menschlichen Erfahrung beruht, nicht aber auf eine bereits weitgehend konsolidierte Religionsform zurückgreift. Der Buddha war nicht daran interessiert, was ein Mensch glaubte oder für wahrscheinlich hielt, sondern was er selbstverantwortlich tat, um sich und seinen Mitwesen das Leben zu erleichtern und um einem höheren Ziel entgegenzustreben. Er erstrebte keine Reform der vedischen Traditionen, wie bislang vielerseits angenommen wurde, sondern brach mit den Grundpfeilern brahmanisch-vedischen Glaubens, einem Religionssystem, das sich auf Opferrituale, Reinigungsvorschriften und Kastenwesen stützte, nicht aber auf Anerkennung ethischer Werte, wie die Heiligkeit allen Lebens *(ahiṃsā)* und die Selbstverantwortlichkeit jedes Menschen, dessen Würde nicht von Kaste oder Hautfarbe *(varṇa)* abhängt.

Die Wurzeln des frühen Buddhismus sind also nicht im Boden vedisch-brahmanischer Tradition zu suchen, sondern in einer autochthonen, urindischen Überlieferung (wie der Buddha einst selbst erwähnte), die anstelle blutiger Opfer *(yajña)* und erblichem Priestertum die eigene Anstrengung *(śrama)* und die moralische Verantwortlichkeit *(śīla)* des Individuums zur Grundlage religiösen Lebens machte. Daher wurde der Buddha auch mit Recht als der „große *Śramaṇa*“ bezeichnet. Wie sein Zeitgenosse *Mahāvira*, der Reformator des Jainismus, fußte er auf einer vorindoarischen Tradition, die während der Herrschaft der von Nordwesten eindringenden Eroberer nur noch als eine Unterströmung im Volk lebendig war. Begriffe, wie Karma, Entstehen in Abhängigkeit, Wiedergeburt und Befreiung, Gewaltlosigkeit *(ahiṃsā)* und Barmherzigkeit *(karuṇā)*, waren dem vedischen Denken völlig unbekannt und wurden erst - vorwiegend unter dem Einfluß des Buddhismus - vom volkstümlichen Hinduismus assimiliert, der auch wesentliche Konzeptionen des Jainismus integrierte. Der Hinduismus, wie er uns heute entgegentritt, ist eine relativ späte Entwicklung, die bis in das 14. Jahrhundert hineinreicht. Der Ausdruck „Hindu“ selbst wurde zum erstenmal durch den arabischen Gelehrten und Reisenden Alberuni benutzt, der ihn als Sammelbegriff für die jenseits des Flusses Sindhu (Indus) wohnenden Völker gebrauchte. Das soziale System und die Fülle religiöser Anschauungen in diesem Raum wurde dann in der Folgezeit als Hinduismus zusammengefaßt. So ist der Hinduismus, wie er uns heute entgegentritt, eine relativ späte Entwicklung indischer Religiosität, und es ist daher falsch zu behaupten, daß der Buddhismus aus dem Hinduismus entstanden sei, der vielmehr durch wesentliche Elemente des Buddhismus in seinen Anfängen geprägt wurde. Aber es ist schwer, lange gehegte Vorurteile auszurotten, und das um so mehr, als vergangene Generationen aufgrund mangelhafter religionsgeschichtlicher Kenntnisse die vedische Religion als Ursprung alles indischen Denkens betrachteten. Erst die Entdeckung der großartigen Städtekulturen am Indus, wie in Harappa und Mohenjo Daro, haben uns die Tatsache einer hochentwickelten vorvedischen und vorbrahmanischen Kultur bewußt gemacht, die den großen bahnbrechenden Indologen des vorigen Jahrhunderts noch unbekannt waren.

Neuere Forschungsarbeiten, wie die von Prof. Lalmani Joshi, machen deutlich, daß kein Grund dafür besteht, für die Entstehung der ältesten Upaniṣaden eine Zeit vor dem 6. oder 5. vorchristlichen Jahrhundert anzusetzen. Diese Ansicht wird auch von Indologen, wie S. N. Dasgupta, A. A. MacDonell, Max Müller, Winternitz, Jacobi u.a. vertreten. Daher dürfte es unwahrscheinlich sein, daß der Buddha von den Lehren der Upaniṣaden, die nie in den buddhistischen Texten erwähnt oder gar zitiert werden, wie die Lehren anderer zeitgenössischer Philosophen, beeinflußt wurde. Es ist sehr viel wahrscheinlicher, daß die Upaniṣaden von buddhistischen Ideen und den Traditionen jener vor- und nichtvedischen Strömungen religiösen Lebens beeinflußt wurden, die im nichttheistischen Yoga und *Sāṃkhya*, im Jainismus und in den Lehren aus dem Kreise wandernder Asketen *(śramaṇas)* als lebendiges Erbe weitergegeben wurden. Nur so ist es auch erklärlich, daß die Upaniṣaden als Geheimlehren betrachtet wurden, die der vedischen Tradition widersprachen.

Nachdem die philologischen Grundlagen des buddhistischen Lehrgebäudes dank der selbstlosen Arbeit von Generationen indologischer Forscher weitgehend erschlossen worden sind, ist es nun an der Zeit, den psychologischen Hintergrund buddhistischen Denkens und Fühlens zu erkennen und dem Verständnis des Menschen unserer Zeit zu erschließen.

Der Buddha nahm nicht für sich in Anspruch, Träger einer göttlichen Offenbarung noch der Verkünder einer althergebrachten Religionsform zu sein, sondern er stand fest auf dem Boden der Erfahrung. Er verlangte - wie wir bereits sahen - von seinen Anhängern keinen blinden Glauben, sondern ein konsequentes, ehrliches Bemühen um einen selbstlosen Lebenswandel zum Heile des einzelnen wie aller seiner Mitwesen. Seine Lehre bestand in der Aufforderung: „Kommt und seht! Öffnet eure Augen den Tatsachen des Lebens, seid ehrlich im Umgang mit euch selber. Versucht nicht, dem selbstgeschaffenen Leiden zu entfliehen, sondern überwindet dessen Ursache, die in euch selbst zu suchen ist. Nicht euer Glauben und Meinen ist entscheidend, sondern allein das, was ihr tut! Ihr seid Erben eurer Taten, Gedanken und Absichten, unabhängig von dem, was ihr für euer Ich oder euren Besitz haltet. Öffnet euch der Erfahrung dessen, was ihr Welt nennt. Weltsein aber erfahrt ihr in eurem sechs Fuß hohen Körper: er ist die Grundlage eurer Erfahrung, der Erfahrung des Entstehens und Vergehens der Welt.“

Der Buddha wollte also keine neue Theorie über die Entstehung der Welt und des Kosmos aufstellen, sondern erstrebte ein Bewußtmachen jener Tatsache, daß der einzige Kosmos, den wir weitgehend beobachten und beeinflussen können, unser Körper mit den Funktionen unseres psychophysischen Organismus ist. Er hatte erkannt, daß die Funktionen unseres Körpers wie auch unseres Bewußtseins nicht willkürlich erfolgen, sondern entsprechend den Naturgesetzen ablaufen, die wir entsprechend der jeweiligen Stufe unserer Entwicklung und Erkenntnis interpretieren und auf das innere Geschehen projizieren.

Im Tantrismus des *Vajrāyana*, wie er sich in einigen Jahrhunderten nach Buddhas Hingang entwickelte, wird diese Idee stärker herausgearbeitet. So heißt es denn in den buddhistischen Tantras, daß unser Körper nicht auf die jedem erkennbare materielle Form zu begrenzen sei, sondern daß er Ausdruck des ganzen Universums ist, das diesen Körper mit all seinen Organen und geistig-psychischen Eigenschaften hervorbrachte. Denn in der tantrischen Meditation weitet sich der Bereich der Erfahrung zum Erleben einer höheren Dimension, an der wir teilhaben können, wenn unser Bewußtsein die Grenzen dreidimensionaler Stofflichkeit überschritten hat.

Dieses Erleben der Transzendenz ist, wie der Buddha selbst im Pāli-Kanon schon erklärte, nicht mit den Mitteln logischen und dialektischen Denkens erfaßbar und liegt deshalb auch außerhalb des Bereiches sprachlicher Darstellung. Deshalb heißt es auch im

Pāli-Kanon vom Dharma: „Wohl verkündet ist das Gesetz *(dhamma)* vom Erleuchteten: allen sichtbar, zeitlos, tief, nur dem Weisen verständlich *(sandiṭṭhiko, akāliko, ehipassiko, paccataṃ, veditabbo, viññuhi)*." Die Einfachheit dieses Lobliedes auf den Dharma muß den nur Intellektuellen verwirren. Der Mensch jedoch, der zur Weisheit vorgedrungen ist, d.h. der seine innere Ganzheit wiedererlangt hat, versteht es unmittelbar. Aber bevor nicht diese innere Einheit und Ganzheit wiedergefunden ist, folgt der Mensch blind der alles durchwaltenden Kraft des Lebenstriebes *(taṇhā)*. Dieser Trieb ist an sich weder gut noch schlecht, kann aber für das Individuum zu dem einen oder anderen werden, solange er vom Licht der Erkenntnis unserer Allbezogenheit getrennt ist. Nur die Bewußtwerdung der Eingebundenheit des Individuums im Universellen ist jene immanente Kraft, die uns über die Grenzen der Vereinzelung hinaustragen kann.

Daher ist das erste Glied der vom Buddha aufgestellten Kette des Entstehens in Abhängigkeit (skt.: *pratītyasamutpāda*; p.: *paṭiccasamuppāda*) das Nichtwissen *(avidyā)*, d.h. das Ignorieren jener Allbezogenheit, in der nichts isoliert als einzelnes ohne den Bezug zum Ganzen existieren kann, auch wenn diese Tatsache nicht bewußt wird. Dieses Nicht-Sehen-Wollen der Wirklichkeit (Wirklichkeit hier im Sinne des auf und an uns Wirkenden, nicht aber einer nur gedachten „objektiven" Dinghaftigkeit) hat nun nichts mit dem landläufigen Begriff der „Dummheit" oder mit mangelnder Intelligenz zu tun, sondern ist jener Hintergrund, aus dem die unterbewußten Bildekräfte *(sankhāra)* herausreifen, die dann im normalen menschlichen Bewußtsein (= Wachbewußtsein) zu jener Unterscheidung führen, die die Welt in einer dualistischen Betrachtungsweise aufspaltet in Selbst und Nichtselbst, Ich und Du, innen und außen, Eigenen und Anderen und somit in Subjekt und Objekt. In der Folge dieser Bewußtseinsspaltung werden wir uns unserer geist-körperlichen Ganzheit *(nāma-rūpa)* bewußt, die über die sechs Sinnesbereiche *(ṣaḍā-yatana)* durch Kontakte *(sparśa)* Beziehung zu den jeweiligen Sinnesobjekten aufnimmt, wodurch Gefühle *(vedanā)* zu Wahrnehmung und Empfindungen reifen, die entweder angenehm oder unangenehm oder keines von beidem sind. Unangenehme Gefühle werden uns veranlassen, alles zu vermeiden, sie erneut erleiden zu müssen. Angenehme Gefühle hingegen werden den Wunsch in uns aufkommen lassen, sie immer erneut zu erfahren, so daß ein Begehren, ja eine Begierde in uns aufkommt *(tṛṣna,* wörtlich „Durst"), die uns veranlaßt, das uns Genehme festhalten zu wollen, um es zu besitzen *(upādāna)*. Dieses Besitzen- und Festhaltenwollen führt uns aber immer erneut in den Bereich des Wiederwerdens *(bhava)* und Wandels, d.h. in den Bereich von Geburt *(jāti)* und damit von Alter und Tod *(jarā-maraṇa)*.

Im Verlauf dieses ständigen Werdeprozesses gibt es nur einen Punkt, wo wir eingreifen und dem Ganzen eine andere Richtung geben können: unser Bewußtsein *(vijñāna)*; denn nur unser Bewußtsein ist nicht beschränkt auf die immer erneute Bewußtwerdung unserer selbst im Gegensatz zur Welt, sondern ist auch befähigt zum Erleben unserer Bezogenheit zum Weltganzen und unserem Verbundensein mit allen Wesen. Aus dieser Bewußtwerdung unserer nicht auflösbaren Eingebettetheit im Universum und der sich daraus ergebenden wesenhaften Verbundenheit mit allem, was fühlt, sind jene vier Meditationen gereift, die der Buddha als die vier „Unermeßlichen" oder „Verweilungen im Göttlichen" bezeichnete. Es ist die Entwicklung eines alldurchdringenden Bewußtseins der Liebe, des Mitgefühls, der Mitfreude und eines unparteilichen Gleichmuts (*maitrī, karuṇā, muditā,* und *upekṣā*). Letzterer wird als die Fähigkeit definiert, eigenes Leid gering zu achten, nicht aber dem Leid anderer gleichgültig zu begegnen. *Upekṣā* ist jenes geistige Gleichgewicht *(tatra-majjhattatā)*, das in einem Menschen durch Liebe, Mitempfinden und Mitfreude reift und ihn befähigt, alle Wesen ohne Unterschied und ohne Abgrenzungen, sich ihnen allen gleichsetzend, zu umfangen.

Der *Pratītyasamutpāda* - das Entstehen in Abhängigkeit - darf nun nicht nur als ein Kausalnexus verstanden werden. Vielmehr ist er gleichzeitig und darüber hinaus der Versuch einer gleichzeitig oder zusammen entstehenden Verkettung, die sowohl von uns als ein zeitliches Nacheinander als auch ein zeitloses gleichzeitiges Entstehen verstanden werden kann. So kann es einerseits als eine logische Aufeinanderfolge interpretiert werden und andererseits als unmittelbare Synchronizität komplexer Prozesse. Der Buddha verwarf weder die eine noch die andere Betrachtungsweise, gab allerdings der Synchronizität und Konditionalität den Vorzug, wie aus einer Erklärung des Buddha selbst zu ersehen ist, die er seinem Jünger Ānanda gab, als dieser voreilig die Formel als logisch leicht verständlich interpretierte. Auch ergibt sich aus der Tatsache, daß der Buddha beim Darlegen des „Bedingten Entstehens in Gleichzeitigkeit" wiederholt einige Glieder der Kette ausließ, daß diese nicht als ein starres Dogma buddhistischer Betrachtung zu verstehen ist, sondern lediglich als „ein Finger, der auf den Mond weist". Entscheidend ist allein, daß alles in dieser Welt in abhängiger Gleichzeitigkeit verläuft.

Von dieser Warte aus wird auch der Ausdruck „*akāliko*", zeitlos oder synchron, verständlich. Der Buddha hielt sich, solange er sich auf der Ebene menschlichen Denkens bewegte, immer an die Regeln der Logik und Dialektik. Aber er war sich dabei bewußt, daß alles Geschehen von seinem Wesen her zeitlos ist. Doch lehnte er zugleich jede Metaphysik des nur Gedachten ab und somit jede Spekulation über den Bereich des Transzendenten. Begriffe wie *Nirvāṇa* und *Karma* werden von ihm ihrer metaphysischen Interpretation entzogen, so daß *Nirvāṇa* nicht jenes quietistische Ideal eines „Sich-Auflösens" im All ist, sondern vom Buddha rein psychologisch definiert wird als Abwesenheit von Gier, Haß und Verblendung. Über die transzendente Bedeutung des Begriffes *Nirvāṇa (anupādisesa-nibbāna)* machte er keine Aussage, die der menschlichen Phantasie eine Basis böte. Der Begriff *Karma* im Buddhismus wurde vom Buddha nicht als ein unqualifizierter Fatalismus gelehrt, wodurch jedes Geschehen und jede Handlung zu einer Fessel würde, die uns an Vergangenes - ob bewußt oder unbewußt - bindet. *Karma* im buddhistischen Sinne bedeutet „Tat" im Sinne einer absichtlichen Handlung, die aus einem bewußten Entschluß *(cetanā)* vollzogen wurde und die eben deshalb eine gleiche Geisteshaltung unter vergleichbaren Umständen auslöst.

Dwight Goddard, der Herausgeber der *Buddhist Bible* (einer Anthologie buddhistischer Texte) be- und umschreibt in seiner Übersetzung des *Laṅkāvatāra-Sūtra Karma* mit „habit energy", also „Kraft der Gewohnheit". In diesem Sinne manifestiert sich das, was wir *Karma* nennen, als Tendenz, wie ein Automat gleiche Handlungen stereotyp zu wiederholen, sofern nicht eine neue Motivation erfolgt, wie im Falle einer völligen „Umkehr im tiefsten Sitz unseres Bewußtseins". Denn gäbe es derartiges nicht, so wäre Befreiung nicht möglich. Der Buddha nennt daher das „Wunder der Umkehr", d.h. der Willenswendung aufgrund ehrlicher Überzeugung das einzige Wunder, das es wert ist, erstrebt zu werden.

Und so, wie er die Menschen auf diese Weise von ihrer Wundersüchtigkeit wegzog, indem er sie auf das allein Wesentliche verwies, ebenso nahm er auch dem

Ich- und Selbstbegriff (skt.: *ātman*, p.: *attā*) seine metaphysische Sinnunterlegung als einem ewigen und unveränderlichen Prinzip monadenhaften Ichseins. Er erkannte vielmehr das Icherlebnis als einen sich jeden Augenblick wandelnden Fokus individuellen Bewußtseins, der die notwendige Voraussetzung für jedes ausgeglichene bewußte Erleben der Innen- und Außenwelt ebenso wie für jedes vernunftmäßige Handeln ist. Wenn jedoch dieses sogenannte Ich zum selbständigen und automatisch funktionierenden Prinzip hemmungsloser Selbstbehauptung erhoben wird, entwickelt es sich zu einem Faktor, der das Individuum der Vernichtung entgegentreibt, ähnlich einem Krebsgeschwür, das durch sein hemmungsloses Wachsen den Organismus zerstört, den es aufzubauen und zu erhalten gilt.

Doch obwohl die buddhistische Psychologie mit allem aufräumt, was dem westlichen Verständnis einer „Seelenmonade" im populären Sinne entspricht, hat sie von Anfang an den seelischen Prozessen, die wir als das „Psychische" zusammenfassen, besondere Aufmerksamkeit geschenkt, da es diese dynamischen Kräfte sind, die den Menschen zum Menschen machen und ihm den Weg zur Befreiung und Erleuchtung eröffnen.

So ist die Nicht-Ich-Lehre (*anattā*-Lehre) des Buddhismus keine Lehre der „Seelenlosigkeit" oder „Wesenlosigkeit", sondern das Sprengen und Niederreißen der selbsterrichteten Mauern, durch die sich der Mensch von allen anderen Wesen trennt, abkapselt und verschließt, so daß er, unfähig, seine Schranken der Ichbezogenheit zu durchbrechen, nicht mehr lieben, nicht mehr mit anderen mitfühlen und sich nicht mehr mit anderen über deren Glück freuen kann. Und solange er die Vollendung dieser drei seelischen Kräfte in einer unbegrenzten Unparteilichkeit nicht erreicht, wird er auch jenes innere Gleichgewicht nie erlangen, das die Voraussetzung der großen Befreiung ist.

Wir leben in einer Zeit sprachlicher Inflation, in der Worte zunehmend ihren inneren Gehalt und Sinn verlieren bzw. verflachen. Worte waren einst - auch im Westen - Ausdruck einer Idee (gr.: *eidos*), d.h. von etwas Geschautem und sanken dann herab zum „Terminus“, d.h. zum Begrenzten, eindeutig Festgelegten, das den vormals lebendigen, wandlungsfähigen Sinn der Schauung mumifizierte. Heute bahnt sich eine weitere Sinnverflachung der Sprache an, so daß die lebendige Vermittlung des Dharma durch Wort und Schrift erschwert wird, obwohl das Analphabetentum weitgehend im Westen gebannt ist.

Die Übersetzer aus alten Sprachen sind sich meist nicht der Tatsache bewußt, daß selbst eine wörtliche Übersetzung infolge der Sinnverschiebung im Laufe der Jahrtausende im modernen Leser falsche Vorstellungen erweckt, da dieser gewohnt ist, in abstrakten Begriffen zu denken, und nicht mehr in der Bildhaftigkeit vergangener Zeiten wurzelt. Ebenso aber führen auch jene Übersetzer den Leser in die Irre, die interpretierend die Sprache moderner Psychologie,

Psychotherapie und Philosophie den Vorstellungen einer Zeit unterschieben, deren Verstehen und Erfassen viel unmittelbarer und direkter war, die noch Zugang zu mythischen und magischen Denkweisen hatte und deren Sprache entsprechend für den emotionellen Bereich weitaus differenzierter war als unsere heutige Umgangssprache. In diesem Zusammenhang habe ich schon wiederholt auf die Sinnverkehrung bzw. -verflachung des buddhistischen Wortes *„maitrī“* (p.: *mettā*) durch die gängigen Übersetzungen mit „Freundschaft“, „Wohlwollen“, „Güte“ etc. hingewiesen. Zweifellos ist das Wort *„maitrī“* (p.: *mettā*) wurzelverwandt mit dem Sanskritwort *„mitra“* (p.: *mitta*), dem Wort für „Freund“. Aber was war dem Menschen zur Zeit des Buddha ein Freund? Er war der nächste Vertraute, von dem man nichts erwartete (obwohl er alles zu geben bereit war) und dem man ohne Einschränkung voll zugewandt war, bereit, selbst das Leben für ihn zu geben. Doch wie schnell läuft heute dem Menschen das Wort „Freund“ aus dem Mund für jeden flüchtigen Bekannten, dessen Wesen einem so fremd ist wie die Sonnen ferner Milchstraßen.

Die Wahl der obigen Übersetzungen für *„maitrī“*, was ganz schlicht „Liebe“ meint, dürfte im wesentlichen darauf zurückzuführen sein, daß die Übersetzer im puritanischen Viktorianischen Zeitalter alle Untertöne sexueller Art vermeiden wollten, die im Wort „Liebe“ mitschwingen könnten. So drehte und wendete man sich, statt zu begreifen, daß „Liebe“ eine Angelegenheit des Herzens auf den verschiedensten

Ebenen des Menschseins ist, die mit unserem Reifen selbst reift, und daß sie über alles Verstandesmäßige und jede kühl abwägende Geisteshaltung hinausgeht, indem sie durch eine sich öffnende Anteilnahme den anderen Menschen umfängt. So beraubt man das Wort *„maitrī"* durch die von der heutigen Sinngebung geprägten Worte „Freundschaft" und „Wohlwollen" seiner ursprünglichen Tiefe und erweckt das Gefühl einer moralisch sterilen, farblosen Einstellung zu Mitwesen. Buddhas klare Definition von *„maitrī"* (p.: *mettā*) aber lautet: „So wie eine Mutter ihren Sohn, ihr einziges Kind, mit eigenem Leben schützt, so will ich zu allen Wesen ein unbegrenztes Herz entfalten."

Das Paliwort *„ceta"*, das hier mit „Herz" übersetzt wurde, kann auch mit „Geist" wiedergegeben werden oder - wie Neumann sehr treffend übersetzt - mit „Gemüt".

In anderen Zusammenhängen habe ich wiederholt auf die oft nicht adäquate Übersetzung und Interpretation der drei Kernaussagen des Buddha (p.: *tilakkhaṇa*) hingewiesen und möchte daher nicht erneut ausführlich darauf eingehen, sondern lediglich noch einmal festhalten, daß *„sabbe sankhāra"* nicht - wie Neumann übersetzt - „das ganze Sein" bedeutet, sondern den Bereich unterbewußter Triebe bezeichnet, der notgedrungen, solange die falsche Ichkonzeption aufrechterhalten wird, zur Leiderfahrung führen muß. Die Richtigstellung des Ich-Erlebens, die mit der dritten Kernaussage *„sabbe dhammā anattā"* erfolgt, bezieht sich auch nicht auf „die ganze Welt" - wie Neumann sagt - sondern hebt lediglich den Tatbestand heraus, daß alle *„dhammās"*, d.h. „alle Elemente der Wirklichkeit", und zwar sowohl die, welche die Vielfalt der Erscheinungen ins Bewußtsein treten lassen, als auch das unentstandene *„dhammā nibbāna"*, ohne Ich sind. Ichlosigkeit ist aber nicht „Wesenlosigkeit", wie Neumann und andere Philologen interpretierten.

Wie wenig man den philologisch zwar korrekten, aber inhaltlich oft ganz verschiedenen Übersetzungen vertrauen kann, zeigt sich bei der interpretierenden Wiedergabe von Worten, die von entscheidender Bedeutung für das Verständnis von Buddhismus sind, wie beispielsweise *„śūnyatā"*, *„siddha"*, *„siddhi"*. Das philologische Äquivalent in deutscher Sprache für *śūnyatā* ist „Leere, Leerheit". Aber diese ist nicht identisch mit „Nichtsheit" oder „Nichts", als welche sie oft dargestellt wird. Der Begriff der Nichtsheit kann im Buddhismus höchstens in Bezug auf die 7. Versenkungsstufe (p.: *jhāna*) genannt werden, dem „Bereich der Nichtsheit" *(ākiñcaññāyatana)*. Denn eine Leerheit ist immer eine Leerheit von etwas und damit kein „Nichts". Auf die Frage „Leer wovon?" ist die Antwort des frühen Buddhismus „Leer von einem Ich und allen Bestimmungen". Positiv ausgedrückt, wie dies dann im *Mahāyāna* geschieht, müßte es dann heißen: „Frei von allen Begrenzungen und aller Einschränkung." Und damit ist sie von unendlicher Potentialität.

Diese Interpretation war es, die der Philosophie Nāgārjunas und der gesamten *Mahāyāna*-Bewegung ihren Auftrieb gab und sie vor einer rein rationalistischen Auffassung des Buddha-Dharma bewahrte. Nur wenn wir *„śūnyatā"* unter diesem Aspekt betrachten, können wir den Enthusiasmus verstehen, den diese Idee in den religiösen Kreisen Asiens hervorrief.

Eine weitere Übersetzung, die zu ähnlichen Mißverständnissen führte, war die des Begriffes *„siddha"* (Vollkommene, Vollendete) mit „Zauberer". Die Siddhas gehörten zu einer Gruppe mittelalterlicher Mystiker im 6. bis 10. Jahrhundert, die das gesamte religiöse Leben Indiens beeinflußten und alle Orthodoxie verwarfen. Buddhisten wie Hindus beanspruchen die 84 Meister jeweils für sich. Sie waren Dichter, Philosophen und kamen aus allen Berufszweigen und Bevölkerungsschichten, erkannten weder Kasten noch irgendwelche Standesunterschiede an und bedienten sich der jeweiligen Umgangssprache statt des gelehrten Sanskrit. Besonders in tibetischen Darstellungen sind uns ihre Lebensgeschichten erhalten geblieben. Dieser Text wurde zum Beginn dieses Jahrhunderts unter dem unglücklichen Titel „Die 84 Zauberer" von einem Fachgelehrten übersetzt. Da der Autor offensichtlich nicht in der Lage war, das zentrale Anliegen dieser unorthodoxen, provozierenden Form buddhistisch-mystischer Methodik zu verstehen, ging das Buch völlig an seinem eigentlichen

Anliegen vorbei. Und da es darüber hinaus noch in einer trockenen Sprache abgefaßt wurde, fand es kaum Leser. Wie absurd die Übersetzung *siddha* mit „Zauberer" ist, ergibt sich schon aus der Tatsache, daß der weltliche Name des Buddha *Siddhārta* war, d.h. einer, der das Ziel *(artha)* vollendet oder erreicht hat. Daß den Siddhas in den volkstümlichen Legenden Wunder zugeschrieben werden, berechtigt uns ebensowenig, sie mit dem Begriff „Zauberer" zu belegen, wie es wohl niemandem einfallen dürfte, Jesus wegen der ihm zugeschriebenen Wunder als Zauberer zu bezeichnen.

Andere Fehlinterpretationen buddhistischer Konzepte entstehen dadurch, daß die benutzten Begriffe durch bestimmte volkstümliche Vorstellungen vorgeprägt sind. Dies betrifft beispielsweise die buddhistische Lehre von der Wiedergeburt, der die Vorstellung einer Seelenwanderung in dem Sinne unterlegt wird, daß eine Seelenmonade von Körper zu Körper wechselt. Wollte man von buddhistischer Seite den Vorgang definieren, so wäre es mehr berechtigt, von einer „Seelenwandlung" zu sprechen als von einer „Seelenwanderung". Als der weise Nāgasena von König Menandros gefragt wurde, ob der Wiedergeborene der gleiche sei wie der im vorangegangenen Leben Verstorbene, antwortete er: *„Na ca so, na ca añño.* - Weder derselbe noch ein anderer!" Denn: „Wir steigen nicht zweimal in denselben Fluß", (Heraklit) und zwar das nicht nur, weil der Fluß in jedem Augenblick ein anderer ist, sondern weil wir selbst in zwei aufeinanderfolgenden Augenblicken nicht mehr dieselben sind. Unsere Entwicklung und Entfaltung, die in jedem Augenblick statt hat, wird für uns erst ersichtlich, wenn wir die Abläufe in größeren Zeitabständen übersehen. Dann erkennen wir, wie dieses bestimmte Kind zu diesem jungen Menschen, zu eben diesem Erwachsenen und schließlich alten Menschen wurde. Und wir erkennen in jedem Menschen die „vielen Menschen“, die er zugleich ist. Die sogenannte Identität ist eine jener Abstraktionen aristotelischer Logik, die, wie alle statistisch gewonnenen Durchschnittswerte eine Vereinfachung darstellt, ohne die wissenschaftliches Arbeiten fast unmöglich ist. Aber gibt es im Leben identische Bäume, Tiere oder Menschen? Leben kennt Ähnlichkeiten, aber keine Identitäten. So beruht auch das Verhältnis von Kindheit zum Alter nicht auf Identität der Person, sondern auf abhängiger Entstehung ständig wechselnder Daseinsbedingungen, die je nach der einmal eingeschlagenen Richtung (oder den karmischen Tendenzen) sich entwickeln.

Der Mensch mag „Sein“ erstreben, aber gerade weil er es erstrebt, bleibt er immer ein Werdender und kann sich über das Werden nur dann erheben, wenn er zur großen Befreiung durchgebrochen ist. Doch Menschsein bedeutet, ein Werdender sein, weshalb auch der Buddha das Werden als das Gesetz alles Lebendigen betonte und die buddhistische Psychologie vom *„bhavaṅga-sota“*, vom „Strom des Werdens“, spricht. Dieser Strom des Werdens aber wird aufgrund unserer Verhaftung und unseres Beharrenwollens immer wieder als Ursache des Leidens erfahren. Die Aufhebung der Leidenserfahrung jedoch war das Hauptanliegen des Buddha, so daß es nur zu selbstverständlich ist, daß die Vier Edlen Wahrheiten im Achtfachen Pfad, der zur Leidensbefreiung führt, gipfeln.

Hier drängt sich nun die Frage auf: Ist dieser Achtfache Pfad (skt.: *aṣṭāṅgikamārga*, P.: *aṭṭhaṅgikamagga*) ein Stufenweg, der von Stufe zu Stufe dem Ziele entgegenführt, oder ist es ein Pfad, der als ein Ganzes zwar acht Glieder aufweist, der jedoch als Ganzheit zunehmend realisiert werden muß?

Die meisten Interpreten ziehen die Idee des Stufenweges vor. Sie lassen dementsprechend die einzelnen Glieder oder Stufen üben und erzielen damit relativ schnell einige Ergebnisse, die dem Lehrer wie den Lernenden zunächst ein Sicherheitsgefühl geben. Jedoch bleiben die Ergebnisse in einem Bereich, der mit dem Hochziel nur noch sehr wenig zu tun hat. Die Ursache dafür muß darin gesucht werden, daß das erste Glied auf diesem Pfade *(samyag dṛṣṭi)* bereits die höchste Stufe der Erkenntnis *(samyak samādhi)* in sich aufgenommen haben muß, um den entscheidenden, den ganzen Menschen betreffenden, schwerwiegenden Entschluß *(samyak saṃkalpa)* fassen zu können, aus dem sich alles dann mit Notwendigkeit vollzieht.

Auch hier führte die verflachende Fehlübersetzung eines Wortes, nämlich *samyak* (skt.) bzw. *sammā* (p.)

oder *yang-dag* (tib.) durch den eine relative Bewertung zum Ausdruck bringenden Begriff „recht, richtig" in eine Denkrichtung, die von Werturteilen bestimmt wird. *Samyak* hat aber - worauf ich seit Jahrzehnten hinweise - eine viel tiefere, allgemeingültigere Bedeutung: es ist Ausdruck der Vollständigkeit bzw. der Ausgewogenheit einer Handlung oder eines Geisteszustandes, an denen der ganze Mensch beteiligt ist, so daß er sich in seinem Denken, Reden und Handeln als eine lebendige, dynamische und in sich ruhende Ganzheit darstellt - eben eine Persönlichkeit, wie sie uns im Bild des Buddha entgegentritt: dem *Samyak Sambuddha*, d.h. dem vollkommen Vollerleuchteten. Dabei inspiriert uns das tibetische Äquivalent für skt. *samyak*, nämlich *yang-dag*, zu einem noch tieferen Verstehen, da dieses Wort die Bedeutung miteinschließt, daß es sich hier um etwas handele, das ganz dem vom Erhabenen gelehrten mittleren Weg entspricht: ein alles Umfassendes und Ausgleichendes, das alle Extreme vermeidet.

Eben diese Geisteshaltung war es, die der Buddha zur Grundlage seiner Lehre machte, in der *samyak samādhi* [+)] (das letzte Glied des Achtfachen Pfades) die völlige Integration, Ganzwerdung und Einswerdung darstellt. Solange wir diese Einswerdung nicht erreicht haben, müssen wir zunächst die vollkommene Integration aller psychischen Faktoren erstreben, müssen in Harmonie mit uns selber kommen, und

+) *samādhi: sam-ā-dhā* = etwas zu einem Ganzen zusammenfügen

zwar indem wir den Edlen Achtfachen Pfad wie auf einer Spirale auf immer höheren Erlebnisebenen wieder und wieder durchlaufen. Doch auf welcher Stufe wir auch immer den Kreis der acht Glieder realisieren: die Grundlage unseres Bemühens ist durch *samyak* gekennzeichnet, d.h. durch den bedingungslosen, totalen Einsatz der Gesamtheit unserer geistigen und seelischen Eigenschaften und Kräfte. Ein solcher Einsatz unseres energetischen Potentials *(vīrya)* geht weit über rein moralische oder intellektuelle Beweggründe hinaus und ist nicht Ausdruck einer bloß momentanen Begeisterung, sondern erwächst aus Schlüsselerlebnissen, die eine Wende in den tiefsten Schichten der Persönlichkeit und einen derart zwingenden Antrieb in Richtung auf das hohe Ziel bewirken, der jede Einseitigkeit in unserem Denken, Reden, Fühlen und Handeln ausschließt.

So wird *samyag dṛṣṭi* zur grundlegenden Haltung des praktizierenden Buddhisten. Es ist die Haltung eines vollkommen unvoreingenommenen Offenstehens, die uns befähigt, die Dinge so zu sehen, wie sie sind *(yathā bhūtam)*, d.h. daß wir die Dinge und Geschehnisse nicht nur von einer Seite betrachten (und vor allem nicht von einem fixierten Eigenstandpunkt, den wir unbeirrt behaupten), sondern daß wir uns ständig bemühen, ohne Vorurteil (und ohne auch das auszuklammern, was uns persönlich unangenehm ist,) den Gegenstand unserer Betrachtung von allen Seiten anzuschauen. So werden wir bei allem, was uns Schmerzen verursacht, was unsere

Eitelkeit kränkt oder Aggressionen in uns erweckt, nicht die Augen schließen und es verdrängen, sondern wir werden uns die zugrundeliegenden Bedingungen und Ursachen bewußt machen. Und wenn wir erkennen, daß diese in uns selbst liegen, so werden wir nichts unversucht lassen, sie zu überwinden.

> ... das Gegebene, Zugemutete unter Umständen hinzunehmen, vor ihm nicht nach auswärts, sondern ins Tiefere auszuweichen, dem Druck der Verhältnisse nicht so sehr zu widerstreben, als vielmehr ihn auszunutzen, um durch ihn in eine tiefere, dichtere, eigentümlichere Schicht der eigenen Schicht eingesetzt zu werden.
>
> (Rilke: *Brief aus Muzot*, S. 130)

Wer aber diese Verlagerung des Druckes nach innen in die Tiefenschichten des Bewußtseins so benutzt, daß er gegen die Umwelt und das Leiden in der Welt abstumpft, ja ihnen gegenüber Gleichgültigkeit empfindet und das dann „inneres Sich-Lösen" und „Nicht-Verhaften" nennt, der verleugnet das Grundanliegen des Buddha, nämlich die grenzenlose Entfaltung von *maitrī, karuṇā*, und *muditā*, die uneingeschränkte warme, selbstlose Liebe und Anteilnahme an den Geschicken anderer, durch die allein sich das vollzieht, was der Erhabene *ceto-vimutti*, die Befreiung des Herzens und des Geistes nannte.

Meditation im Vajrayāna: Erste Schritte

Das Erscheinen des Buddhismus, dessen Quellen bis in vorarische Zeiten Indiens zurückverfolgt werden können, markiert den Beginn einer neuen Entwicklungsstufe menschlich-kultureller Existenz auf dem indischen Subkontinent. Voran ging - wie auch anderswo in der Welt - ein magisches Zeitalter, dem das Zeitalter der Götter bzw. Mythen folgte. Die mit dem Buddha beginnende Ära möchte ich „das Zeitalter der Vernunft" nennen. Doch möchte ich „Vernunft" hier nicht in dem Sinne verstanden wissen, wie man den Terminus heute in den USA und Europa gebraucht. In Indien sah man in der „Vernunft" damals nur ein Fundament, auf dem das höhere intuitive Verstehen basierte. So erklärte der Buddha, daß seine Lehre tief und für den gewöhnlichen Verstand schwer zu erfassen sei, da sie über das diskursive Denken hinausgehe. Mit anderen Worten: er ging von einer rational aufzeigbaren und nachweisbaren Wirklichkeit aus, ohne sich aber dann einzig und allein an verstandesmäßige oder logische Darlegungen zu binden. Denn ihm war bewußt, daß das, was er aufzeigen wollte, über das Verstandesmäßige hinausging und nur dem Erleben zugänglich ist. Der Erfahrung gebührt daher nach Buddha *Śākyamuni* der erste Platz. Und so erklärte er den Kalamern: „Geht nicht nach Hörensagen, nicht nach Überlieferungen, nicht nach Tagesmeinungen, nicht nach der Autorität heiliger Schriften, nicht nach bloßen Vernunftgründen oder logischen Schlüssen, nicht nach erdachten Theorien oder bevorzugten Meinungen, nicht nach dem Eindruck persönlicher Vorzüge, nicht nach der Autorität eines Meisters. Wenn ihr aber selber erkennt, aufgrund eurer eigenen Erfahrung, diese Dinge sind heilsam, führen zu Segen und Wohl, dann mögt ihr sie euch zu eigen machen." Mit anderen Worten: nicht der Glaube an etwas ist entscheidend, sondern wesentlich ist allein die Erfahrung. Glaube kann zwar unter bestimmten Bedingungen anfänglich Zugänge eröffnen. So ist zum Beispiel ein gewisses Maß an Vertrauen in einen Lehrer Voraussetzung dafür, daß man von seiner Lehre profitieren kann. Doch wenn man diese Lehre gehört hat, muß man entscheiden, ob diese Lehre mit der eigenen Erfahrung übereinstimmt. Und nur dann sollte man versuchen, sie im eigenen Leben umzusetzen. Erweist sie sich dann auch als praktikabel, so sollte man sie annehmen. Niemals sollte blindes Vertrauen in einen Lehrer oder bloßer Glaube an ihn dazu führen, seine Lehre zu übernehmen: charismatische und suggestive Persönlichkeiten können den Menschen leicht in Wahnvorstellungen religiöser und weltanschaulicher Art hineinziehen.

Ich bin oft gefragt worden, warum der Buddha niemals etwas über Gurus erwähnt hat. Nun, er hat niemals etwas dagegen gesagt. Aber er wußte, daß die meisten Menschen einem Lehrer blind folgen, weil sie meinen, daß er doch ein Guru oder Priester sei und deshalb wissen müsse, was für sie gut sei. Ein solches Ausschalten der Urteilskraft aber lehnte der Buddha ab. Nur das, was der Vernunft nicht widerspricht und einsichtig ist, kann eine Grundlage des Buddha-Dharma sein. Was aber der Vernunft entgegensteht und sich der Einsicht entzieht, ist sicher nicht buddhistisch.

Nun könnte man natürlich fragen, wie es denn möglich sei, daß Buddhisten Mantras, Maṇḍalas und Mudrās gebrauchen, die sich doch weitgehend dem Zugriff und dem Verständnis durch die Vernunft und der unmittelbaren Einsicht entziehen. Die Antwort ist, daß man Mantras, Maṇḍalas und Mudrās und andere Hilfsmittel sehr wohl gebrauchen kann, wenn man versteht, was man da eigentlich tut. Es wäre total unsinnig, etwas anzunehmen und zu tun, nur weil es einem „schön" erscheint. Denn so vieles, was „schön" erscheint, mag nicht der Wahrheit oder der Wirklichkeit entsprechen. Es kann auf den ersten Blick sogar sehr überzeugend erscheinen, aber es wird der Erfahrung dann im weiteren Verlauf nicht standhalten.

Viele Menschen meinen heute, daß Mantras einen Glauben an das Mantra voraussetzen. Nun, man muß *Vertrauen* haben, doch Vertrauen allein ist unzureichend. Denn Vertrauen in ein Mantra zu haben, sollte voraussetzen, daß man weiß, was man sagt. Versteht man nicht, was man da rezitiert, dann ist der ganze Prozeß eine reine Selbsttäuschung. Vielleicht hilft es manchmal wie ein Betäubungsmittel, das man bei Schmerzen oder Schwierigkeiten nimmt, um diese zu unterdrücken bzw. um sie für einen Augenblick zu vergessen. Doch das ist nicht der Sinn des Gebrauchs eines Mantras.

Nehmen wir zum Beispiel das Mantra des Guru Padmasambhava: *OṂ ĀḤ HŪṂ VAJRA GURU PADMA SIDDHI HŪṂ*. Dieses Mantra hat eine tiefe Bedeutung. Wenn man beispielsweise *OṂ ĀḤ HŪṂ* sagt, so ist das nur dann sinnvoll, wenn man es in Verbindung mit gewissen Zentren in sich selbst bewußt gebraucht. So bezieht sich das *OṂ* auf das *Sahasrāra-Cakra* (Scheitelzentrum), das *ĀḤ* auf das Kehlkopf-*Cakra* und das *HŪṂ* auf das Herzzentrum. Doch dürfen wir diese Dinge nicht allzu wörtlich nehmen, denn die *Cakras*, von denen die buddhistische Psychologie spricht, sind keineswegs identisch mit den entsprechenden physischen Organen: weder dem Gehirn, dem Kehlkopf oder dem Herzen noch mit den hier in der Nähe liegenden Nervenzentren. Eine solche Gleichsetzung war niemals beabsichtigt. Die Idee hinter diesem Gleichnis des Buddhismus ist vielmehr, daß wir mit bestimmten Körperstellen von vornherein bestimmte Bewußtseinsqualitäten verbinden. So zeigt man beispielsweise, wenn man „Ich“ sagt, automatisch auf die Brustmitte. Und warum? Man zeigt nicht exakt auf das Herz, sondern dahin, wo man fühlt, daß dies die eigene Mitte sei. So wird verständlich, warum in Indien und Asien, einschließlich Tibet, Japan und China, das „Herz" als identisch mit unseren tiefsten psychischen Regungen, unseren tiefsten Gedanken und unserer tiefsten Intuition betrachtet wird. Das aber heißt, daß unsere Intuition nicht von unserem Hirn, sondern von unserem „Herzen" abhängig ist. In früheren Jahrhunderten sprach man vom „Herzen" im Sinne von Gefühl, Empfindung und vom „Hirn" als Sitz des Denkens und Intellekts. Und es entspricht ja auch der Wirklichkeit, daß das Hirn vorwiegend in intellektuellen Gedankenabläufen tätig wird. Aber alleiniges intellektuelles Denken ist nicht das, was man im Buddhismus benötigt. Hier ist mehr erforderlich. Deshalb sprechen wir von *prajñā* und *upāya*, wobei *prajñā* Verstehen aus Weisheit bedeutet und *upāya* Handeln aus Liebe und Mitleid. Denn wer nur Weisheit ohne Liebe entwickelt, dessen Weisheit ist kalt und tot und führt nirgendwohin, wie auch Mitleid ohne Weisheit in einem Sumpf endet, weil man nur emotional ist und sich und andere deshalb nicht fördern kann.

Wenn man buddhistische Mantras verstehen will, so müssen wir diese zunächst einmal mit gewissen Bewußtseinszentren im eigenen Körper in Verbindung bringen. Dabei müssen wir uns darüber klar werden, daß wir nicht nur je ein Hirn-, Kehlkopf- und Herzzentrum haben, sondern auch solche, die wir mit den „Elementen" Erde, Wasser, Feuer etc. in Beziehung setzen. Alle diese Zentren, die wir in einem Verbewußtungsprozeß erschaffen, haben spezielle Funktionen, die wir ihnen aufgrund ihrer Symbolstellung im Körper geben. Unglücklicherweise ist unsere moderne Psychologie sich dieser Möglichkeiten noch nicht bewußt geworden. Was aber heute notwendig ist, ist das „Erwecken" der verschiedenen Zentren in unserem menschlichen Körper, um vollkommene menschliche Wesen zu werden. Denn wir sind noch nicht ganz geworden. Und weil wir noch nicht ganz geworden sind, sind wir nur auf den Gebieten der Technik und des Denkens geschickt. Dabei wurden wir so abstrakt in unseren Vorstellungen, daß wir nur noch Schatten nachlaufen. Denn ein abstrakter Begriff kann alles bedeuten und nichts. Man kann in ihn alles hineindeuten, ohne daß irgendeine reale Erfahrung dahinter steht.

Wenn jedoch ein Mensch in seinem Inneren eine Erfahrung gemacht hat, dann wird er dafür nach einem Ausdruck suchen. Das aber bedeutet: Wenn man sein Mantra nicht tief in sich selbst erfahren hat und „weiß", was es bedeutet - was damit verbunden ist, was sein Hintergrund ist -, dann ist es nur ein leerer Klang ohne Sinn und damit auch ohne jegliche Wirkung.

Unglücklicherweise aber glauben Menschen, daß irgendeine Art Magie den Mantras innewohne. Aber wie ich schon sagte: Das magische Zeitalter ist lange vorbei, und wir sind heute in einem ganz anderen Zeitalter, nämlich im Zeitalter des Menschen. Im magischen Zeitalter Indiens kannte man keinen Unterschied zwischen Subjekt und Objekt. Damals erschien die ganze Welt als beseelt, und man konnte zu allen Dingen unmittelbaren Kontakt aufnehmen und sich selbst als Teil des Ganzen empfinden. Das war zweifellos wunderbar. Doch dann entwickelte der Mensch im Laufe der Zeit ein gewisses Selbstbewußtsein und begann, sich als ein Eigenwesen zu fühlen, verschieden von der ihn umgebenden Welt. Dies war das Zeitalter, wo die ersten Abstraktionen geschaffen wurden. So betrachtete man die Götter als unterschiedliche Kräfte, die außerhalb des Menschen existierten und die dessen Leben beeinflussen könnten. So wurden Verehrung der Götter, Gebete und Opfer notwendig.

Der Buddha war wahrscheinlich derjenige, der das Zeitalter des Menschen eröffnete, d.h. unser Zeitalter. Er war weder an Welten oberhalb noch an Welten unterhalb interessiert noch an diesen oder jenen Daseinsformen. Ihn interessierte nur eins: das Bewußtsein des Menschen. Und so erklärte er, daß der Mensch sich nur durch eigene Bemühung befreien könne. Doch dazu müsse er zunächst wissen, wer und was er sei. Darüber hinaus aber ist es notwendig, daß er erkenne, daß seine Umwelt bedingt ist und daß er zum guten Teil durch all das mitbedingt wird, was er in sie hineindeutet, d.h. wie er sie sieht, fühlt und wahrnimmt. Auch müsse er sehen, daß er selbst in diese universelle Bedingtheit eingebunden ist, so daß er ihr nicht entfalle und immer wieder gezwungen ist, sich ihr anzupassen. Aus all dem wird deutlich, daß der Buddha seine Religion nicht auf abstrakte Prinzipien gründete. Er verkündete weder einen allmächtigen Schöpfergott noch eine „ewige Seele“, sondern fragte lediglich: „ Was hast du erfahren? Was tust du?“ und erklärte: „Deine Taten müssen in einem richtigen Verhältnis zu deinem inneren Wesen und dem von dir Erkannten stehen.“ Damit gab er seinem Dharma eine streng logische Grundlage, obwohl er keineswegs glaubte, daß die Logik einen Menschen wirklich befreien könnte. Aber er betonte ihren Wert und ihre Bedeutung für die ersten Schritte auf dem Pfade immer wieder. Es ist heute modern, in gewissen buddhistischen Kreisen von vornherein den Intellekt zu verdammen. Doch bevor man den Intellekt hinter sich lassen kann - in gewisser Weise beiseite läßt -, muß man ihn erst einmal voll entwickelt besessen haben. Leute, die heute ihren Intellekt wegwerfen, bevor sie ihn überhaupt entwickelt haben, rennen dann diesem oder jenem Guru hinterher, weil sie meinen, daß dieser sie befreien könnte. Aber hier muß es einmal sehr klar ausgesprochen werden: niemand außer uns selbst kann uns befreien, auch kein Buddha oder Bodhisattva. Diese sind Wegweiser und mit ihrer Wegweisung Helfer auf unserem Wege.

Andererseits muß die Begegnung mit einem wirklichen Guru nicht nutzlos sein. Sie kann uns dazu verhelfen, den Weg zu verkürzen und Umwege zu vermeiden. Aber auch ein Guru ist nur ein guter Helfer und Wegweiser: Die Arbeit müssen wir selber tun. Und wenn wir diese nicht leisten wollen oder können, so kann sie niemand für uns tun.

Doch nun zurück zum Mantra des Padmasambhava. Wir beginnen mit *OṂ ĀḤ HŪṂ*. Hier stoßen wir gleich auf ein wesentliches und wichtiges Moment im Buddhismus. *OṂ* ist das Lautsymbol des Universellen. A ist der Laut der menschlichen Sprache, da im indischen Alphabet die Konsonanten nur durch ein nachklingendes kurzes A ausgesprochen werden können. A ist auch der erste Vokal, den ein neugeborenes Kind anklingen läßt. A ist immer der erste Laut, weil er am einfachsten zu sprechen ist. *HŪṂ* schließlich ist der Gegenpol zu *OṂ*. Es repräsentiert die Tiefe des menschlichen Herzens - unserer eigenen inneren Erfahrung.

Man kann heute leicht über universelle Gesetze und Fakten des Universums sprechen. Aber wenn man die Materie nicht wirklich beherrscht, dann ist das alles nichts als eine schöne, aber leere Idee. Will man über das Universum reden, dann sollte man erst einmal die eigene Universalität *in sich selbst* erkannt haben. Diese aber ist nur dann zu realisieren, wenn wir uns zuvor als individuelle Wesen erfahren haben. So könnte man sagen, daß das *OṂ* als Laut des Universellen der höchste ist. *ĀḤ* stellt gewissermaßen die kulturelle Ebene dar: die Ebene der Sprache, der Gedanken und Ideen. Im *HŪṂ* aber offenbart sich die Tiefe unserer Gefühle und Emotionen.

Dem *OṂ ĀḤ HŪṂ* folgt die Bezeichnung *VAJRA GURU*. Eine Bezeichnung für Padmasambhava, der hier so angerufen wird, da er zum Verstehen des unveränderlichen und nicht zerstörbaren *Vajra* führt, der ein Symbol der Leerheit ist. Das Sanskritwort „Padma", das Lotus bedeutet, wird im Tibetischen „Peme" ausgesprochen, was eigentlich falsch ist. Diese Lesart hängt damit zusammen, daß die Buchstabenkombination „dm" im Tibetischen einen neuen Laut bildet. Solange die Tibeter wissen, was dieses Wort bedeutet, ist das alles in Ordnung, und es macht keinen Unterschied, ob man Padma oder Peme sagt, vorausgesetzt, man vertritt nicht den magischen Glauben, daß die richtige Aussprache entscheidend sei für die Wirkung eines Mantras. Dann wäre es allerdings arg bestellt mit der Wirkung von Sanskrit-Mantras in Tibet, China und Japan. Das Wissen um ihre Essenz ist allein entscheidend. Menschen aber, die sinnlos Mantras herunterrasseln und blind an die Wirkung glauben, folgen magischen und nicht buddhistischen Anschauungen.

Padma, der Lotus, lenkt hier unser Bewußtsein auf den Lotus des Herzens, in dem sich alle *SIDDHI* - alle Kräfte der Vollendung - entwickeln können, die uns befreien. Die *SIDDHI* des Herzens aber sind Liebe und Mitleid. Wenn wir also von *PADMA SIDDHI* sprechen, müssen wir uns immer dabei dessen bewußt sein, daß dies die Entfaltung unseres Herzens bedeutet, und zwar in dem Sinne, daß dieses „Organ" nicht nur „Sinnbild" und „Sitz" unserer Gedanken und Vorstellungen, sondern auch unseres Gefühls und unserer Intuition ist. Denn ohne Intuition sind unsere Gedanken leblos. Intuitionen haben heißt, daß zum bloßen Denken etwas hinzukommt, was weit darüber hinausgeht, da - wie ich schon sagte - wir unsere Logik nur bis zu einem gewissen Punkt gebrauchen können. Wir benutzen zum Zwecke der Kommunikation die Sprache und können dennoch nicht alles darin ausdrükken, es sei denn, wir sprengen die Regeln sprachlichen Ausdrucks, denen eine spezifische Denkmethodik unterliegt. Erst, wenn wir das erkannt haben, werden wir uns an sprachliche Formulierungen nicht mehr verhaften. Denn der große Fehler vieler metaphysischer Systeme ist, daß sie sich an sprachliche Begriffe und Vorstellungen klammern und meinen, daß sie mit diesen „die Wirklichkeit" erfaßt hätten.

Wie dürftig der sprachliche Ausdruck ist und damit alle sprachlichen Begriffe, Vorstellungen und Konzepte, ergibt sich aus folgendem Beispiel: Wir sagen: „Es regnet." Doch der sprachliche Ausdruck „es regnet" besagt in Wirklichkeit nichts, denn das „es" in diesem Fall bezieht sich nicht auf irgendein reales Subjekt, sondern will lediglich die Tatsache des „Regnens" festhalten. Der Buddha sprach sich gegen alle metaphysischen Spekulationen und Vorstellungsweisen aus. Er forderte, daß das, was immer ein Mensch wisse, was immer er glaube, eine Entsprechung in der Natur oder in ihm selbst haben müsse. Bloße Spielerei mit Worten und Begriffen lehnte er ab. Nehmen wir als Beispiel das Wort *„Nirvāṇa"*. Im abendländischen Verständnis wird dieser Begriff von Hindus, Jainas und Buddhisten in gleicher Weise gebraucht. In Wirklichkeit aber hat dieses Wort für jede der großen Religionen eine andere Bedeutung. Wenn ein Hindu beispielsweise von „*Nirvāṇa*" spricht, meint er etwas Metaphysisches. Wenn ein Buddhist hingegen von „*Nirvāṇa*" spricht, denkt er an etwas Psychologisches. Der Unterschied ist klar. Das Metaphysische basiert auf einer Theologie, die sich grundlegend von der allgemeinen menschlichen Psychologie unterscheidet. Denn diese Art Psychologie schließt alle ein, die ein menschliches Bewußtsein haben. Die Theologie mit ihrer metaphysischen Basis hat nur Gültigkeit für Leute, die in einem bestimmten Glaubenssystem verankert sind. Buddha wollte von Anfang an kein System aufstellen, sondern einen Weg weisen. Dabei ging er von der Tatsache aus, daß der Mensch zunächst einmal mit beiden Beinen auf der Erde stehen müsse und daß wir nur dann, wenn wir einen festen Boden unter den Füßen haben, vorangehen können. In der Erdberührungsgeste, in der der Buddha *Śākyamuni* regelmäßig dargestellt wird, wobei seine linke Hand im Schoße ruht und seine rechte die Erde berührt, wird dies symbolisch zum Ausdruck gebracht.

Schon der Pālikanon erwähnt Buddhas der Vergangenheit, die - entsprechend dem Geist ihrer Zeitalter - die eine, nicht-sagbare Wahrheit durch spezielle Entwicklung bestimmter Charakteristika den Menschen ihrer Zeit nahebrachten. Mit Beginn des *Mahāyāna* wird die Zahl dieser Erleuchteten ins Unendliche gesteigert. Sie werden regelmäßig in unterschiedlichen, „nicht-natürlichen" Farben dargestellt, während der Buddha *Śākyamuni* selber doch wahrscheinlich typisch nordindischen Aussehens war. Warum diese seltsame Farbgebung der sogenannten *Dhyāni*-Buddhas, d.h. der in der Meditation hervorgebrachten und geschauten Erleuchteten? - Nun, die Farben, die hier gezeigt werden, entspringen keinem naturalistischen Denken, sondern erklären sich allein aus der Symbolik des Maṇḍala. Kennen wir diese, so wissen wir, daß ein gelber Buddha der Südposition im Maṇḍala zugeordnet werden muß, ein weißer entweder dem Zentrum oder der östlichen Himmelsrichtung und ein grüner Buddha besetzt die Nordposition und ein roter beherrscht den Westen. Mit anderen Worten: Die Farben der Gestalten verweisen auf den Platz, den sie im Maṇḍala einnehmen. Doch warum gebrauchen wir diese unterschiedlichen Farben? Wenn man ein Thangka betrachtet, so haben alle Dinge einen Symbolcharakter, und jede Farbe vermittelt uns in diesem Zusammenhang einen tiefen Sinn, der sich aus unserem unmittelbaren menschlichen Erleben herleitet.

Wenn wir beispielsweise den wolkenlosen tiefblauen Himmel betrachten, so erleben wir mehr als die als natürlich empfundene Farbe Blau: Wir empfinden dahinter die Tiefe des Raumes in ihrer unendlichen Weite und Leerheit und finden sie wieder in der Unbegrenztheit und Weite unseres Bewußtseins. So steht die Farbe Blau im *Vajrayāna* für den Äther und für *śūnyatā*, die große Leerheit, die weder ein „Nichts" noch eine „Nichtsheit" ist, wie einige Menschen im

Westen und Fernen Osten glauben. Sie ist vielmehr „die Fülle der Leerheit", aus der und in der sich alles entfaltet und entwird, - ist das „abhängige Entstehen", ist die „Nicht-Dinghaftigkeit", die „Nicht-Substantialität" alles Gewordenen. So verbirgt sich hinter der Chiffre *śūnyatā* eines der Grundelemente des buddhistischen Befreiungsweges. Die Leerheit aber - symbolisiert im Blau - findet man allerorts in Thangkas, im Wasser wie in den Bergen, manchmal selbst in Lampen und im Feuer. Aber über allem findet man die Bläue des Himmels und in diesem Blau erscheinen weiße Wolken, auf denen verschiedene Wesenheiten zu sehen sind.

Was bedeutet das nun? Was uns hier begegnet, sind jene fünf Elemente, die wir auch in unserem Körper finden, aus denen sich unsere Körperlichkeit zusammensetzt. Sie alle sind von ihrem Wesen her leer, d.h. ohne ein Eigensein, ohne ein Ich. Diese Elemente nun haben ihre Entsprechungen in den fünf *Dhyāni*-Buddhas und den sie begleitenden *Dhyāni-Bodhisattvas* des Maṇḍala, das nicht - wie viele Leute heute meinen - eine bloß willkürliche Zeichnung ist, geometrisch angelegt, um dem Auge des Betrachters zu gefallen, und dessen Darstellung nicht von der Phantasie des Künstlers abhängt. Ein Maṇḍala - wörtlich ein „Kreis" - ist vielmehr im Sinne indisch-meditativer Erfahrung (und besonders im Sinne des buddhistischen *Vajrayāna*) eine sehr korrekte Landkarte unseres eigenen Geistes und Bewußtseins. Daher dient es als eine Wegbeschreibung, die dem Fortschritt unserer psychischen Entwicklung dienen soll. Es zeigt uns, wie wir meditieren müssen bzw. wie wir uns in unserem eigenen Bewußtsein bewegen müssen, um das hohe Ziel zu erreichen.

Ich habe in der letzten Zeit verschiedene Maṇḍalas gesehen, die von Künstlern oder von Patienten von Psychiatern unserer Zeit angefertigt wurden und die recht nett aussahen. Man kann natürlich alles, was rund und konzentrisch angeordnet ist, ein Maṇḍala nennen. Doch entspricht das nicht der Sinngebung, die dieses Wort im Sanskrit hat, - auch dann nicht, wenn namhafte Psychologen und Psychotherapeuten solche Gebilde als Maṇḍala absegnen. Ein Maṇḍala wird und muß nach fest umrissenen Regeln geschaffen werden, nach Regeln, die vor Jahrtausenden aus der meditativen Erfahrung entwickelt wurden. So kann man kein Maṇḍala entsprechend der eigenen Phantasie oder Vorstellung projizieren: Es muß, um den Menschen zu fördern, jenen Regeln und Gesetzen folgen, nach denen alle Maṇḍalas aufgebaut sind. Und welche sind dies nun?

Im Zentrum des Maṇḍala wird man regelmäßig einen Lotus mit vier Blütenblättern finden, die in den vier Himmelsrichtungen um den zentralen Fruchtboden angeordnet sind. Dieser Fruchtboden ist die heilige Mitte des gesamten Maṇḍala, in dem sich alle gedachten Linien treffen. Um die heilige Blüte der Mitte erkennt man die Grundrißzeichnung eines viereckigen Tempels mit vier Toren. Warum vier Tore? Weil er nach allen Seiten des Raumes hin offen ist. Der

Tempelgrundriß wird nun umgeben von einem Ring von Lotusblumen bzw. Lotusblättern, dem nach außen ein Ring aus goldenen *Vajras* folgt und schließlich ein Flammenkreis. Die symbolische Bedeutung dieser „Schutzkreise" ist so zu verstehen, daß der Tempel, der nach allen Seiten hin offen ist, vor äußeren Einflüssen geschützt werden muß. Deshalb die „drei Wälle", die ihn umgeben. Was aber bedeutet das für den Meditierenden? Es sagt ihm, daß er, bevor er anfängt zu meditieren, einen Wall aus diesen unterschiedlichen Elementen um sich erschaffen muß, weil man sich während der Meditation öffnet und damit auch leicht zugänglich ist für alle möglichen äußeren Einflüsse. Anders ausgedrückt: Man befindet sich während der Meditation in einem rezeptiven Zustand, in dem man möglicherweise von Dingen beeinflußt werden kann, denen man sich nicht aussetzen möchte. So bedeutet der Schutzkreis aus Lotusblättern die *Reinheit des Herzens*, die frei ist von allem Erlangenwollen, allem Ehrgeiz und aller Mißgunst, wie allem noch so subtilen Haß. Wenn derartige Gefühle in uns eindringen, ist Meditation unmöglich, da sie uns „beschmutzen".

Der *Vajra*kreis hingegen ist das Symbol für unseren durch geballte Energie und Zielstrebigkeit gefestigten und zielgerichteten Geist, der unangreifbar ist.

Der Flammenkreis schließlich symbolisiert das Feuer der Weisheit, in dem alles zweiheitliche Denken verbrannt wird und in dessen Licht wir die Dinge der Wirklichkeit gemäß schauen können.

So wird von vornherein in diesen Symbolen deutlich, daß Meditation eine Änderung unserer inneren Haltung voraussetzt: Reinheit, klare Zielgerichtetheit und eine wachsende Weisheit. Ohne diese drei würde Meditation zu unterschiedlichen Arten von Phantasmen und rein emotionalen Zuständen führen, die ohne wirklich wandelnde Erfahrungen bald abklingen und uns enttäuscht zurücksinken lassen.

Was nun den Umgang mit Maṇḍalas heute betrifft, so ist es ein Brauch geworden, sie an die Wand zu hängen. Und da die Menschen von Landkarten gewohnt sind, daß oben Norden und unten Süden ist, so gehen sie - teils unbewußt - genauso an ein Maṇḍala heran. Aber hier haben wir schon den ersten schweren Fehler in der Betrachtung von Maṇḍalas. Denn ursprünglich waren die Maṇḍalas Sandzeichnungen, ausgeführt auf dem geglätteten Erdboden, und der Meditierende saß vor ihnen. So aber, wie die Sonne, im Osten aufgehend, in den Tag tritt, so tritt auch der Meditierende in das Maṇḍala durch das Osttor: das Tor, vor dem er sitzt. Würde nun dieses Bild an der Wand hängen, so wäre dies der untere Pol. Die sich nun anschließende Meditation ist vergleichbar einem Gang durch das Dunkel des aufgrauenden Tages zum Licht der voll entfalteten Weisheit. In diesem Sinne umkreist der Meditierende die heilige Mitte im Sonnenlauf, bis er zum Zentrum durchbrechen kann, in dem alle Zweiheit aufgehoben ist. Solange man aber dies nicht erkannt hat, hat ein Maṇḍala überhaupt keinen Sinn für den Betrachter. Was immer er auch hineingeheimnissen mag: Es bleibt für ihn eine Zeichnung und sonst nichts. Er steht davor wie ein Mensch, der plötzlich vor eine Landkarte gestellt wird, der aber weder etwas von den Regeln und Gesetzen weiß, nach denen die Himmelsrichtungen festgelegt wurden, noch eine Ahnung davon hat, daß die blaue Farbe auf der Landkarte auf Wasser deutet, braune Flecken auf Gebirge und grüne auf Ebenen. Mit anderen Worten: Selbst auf einer Landkarte kann man das, was einem auf seinem Wege zum Ziel begegnen wird, nur dann erkennen, wenn man um die Himmelsrichtungen und die Farbsymbolik weiß, die klar und eindeutig definiert sind.

Das gleiche gilt für ein Maṇḍala. Hier bedeuten die Farben nicht nur die jeweilige Stellung und einen bestimmten Ort im Maṇḍala, sondern zugleich die zeitliche Aufeinanderfolge, die immer die gleiche ist. Und eben deshalb kann man auch nicht an jeder beliebigen Stelle in das Maṇḍala eintreten. Man muß es immer wieder durch das gleiche „Tor" betreten, um dann im Uhrzeigersinn die Mitte zu umkreisen.

Sehen wir uns nun einmal die Ostposition etwas genauer an: Sie ist in den meisten Maṇḍalas durch eine weiße Farbgebung charakterisiert, in einigen anderen Maṇḍalas jedoch durch eine tiefblaue Färbung. Blau und Weiß sind also offenbar austauschbar. Warum dies so ist, werde ich später erklären. Der Süden ist charakterisiert durch Gelb, der Westen durch Rot und der Norden durch Grün. Warum hat man gerade diese Farben für die entsprechenden Himmelsrichtungen gewählt? Wo ist der Ursprung zu suchen?

Mit der Meditation beginnt man im allgemeinen am frühen Morgen vor Sonnenaufgang. Das Licht ist noch matt und erscheint im Osten entweder dunkelblau oder schon schwach weiß. Anders ist die Zeit des Mittags: Sie ist charakterisiert durch die Südposition, wenn der Sonnenstand seinen höchsten Punkt erreicht hat und das Licht goldgelb über alle Dinge in gleicher Weise sich ergießt. Zur Zeit des Sonnenuntergangs im Westen färbt sich der Himmel dann rot. So wird Rot die Farbe dieser Himmelsrichtung. Was nun die Farbe der Nacht betrifft, so ist dies etwas sehr Seltsames: In den Maṇḍalas wird hier ein Blau-Grün gebraucht, das auf eine geheimnisvolle Fähigkeit hindeuten soll. Diese hängt eng zusammen mit dem uralten Glauben, daß die Sonne sich um Mitternacht erneuere. Wie die Sonne, so begibt sich auch der Mensch in der Nacht auf große Todesfahrt in das Dunkel des Unbewußten. Doch während wir schlafen, besteht unser Leben fort, ja, wird unsere Lebenskraft erneuert, und dies geschieht in einem Zustand, wo unser Bewußtsein ausgeschaltet ist, zeitweise völlig, teilweise nur bedingt. Für den Menschen der Frühzeit war dies ein Beweis, daß wir auch ohne Bewußtsein leben können. Ganz anders aber war das mit dem Atem: Dieser Prozeß geht fort auch ohne unser Bewußtsein. Würde er aufhören, so würde unser Leben erlöschen. So schloß man schon sehr früh, daß es die Meditation des Atems ist, die von allen Meditationsarten uns unmittelbar in die Tiefe führen kann. Und diese Atemmeditation ist jedermann zugänglich, denn wir atmen ja alle, haben alle die Fähigkeit, uns dieser Funktion voll bewußt zu werden und so den Atem in seiner Fülle zu erleben. Doch meist nehmen wir diese Möglichkeit nicht wahr. Deshalb setzte Buddha *Śākyamuni* die Bewußtwerdung des Atems an den Beginn aller meditativen Arbeit: Sie ist deren Voraussetzung. Erst, wenn wir gelernt haben, den Atem bewußt zu erleben, werden wir in der Lage sein, die Struktur dieser Welt, in der wir leben, in ihrem Wesen - nämlich als bedingtes Entstehen in Abhängigkeit - zu erfassen. Denn mit dem Atem nehmen wir etwas, was „außerhalb" unseres Körperseins besteht, in uns auf und geben es dann wieder nach einer kurzen Zeit an dieses Außen zurück. Denn wir können in diesem Dasein nichts nehmen oder erwerben, was wir nicht auch wieder zurückgeben müssen. Wenn wir Nahrung zu uns nehmen und sie nicht nach der Verdauung ausscheiden, wird diese Nahrung zu Gift, wir können daran sterben. Wenn wir Luft einatmen und sie nicht ausatmen, ersticken wir. Was immer wir in unseren Körper aufnehmen, wir können es auf die Dauer nicht halten: Spätestens mit dem Tode kehrt es zu seinem Ursprung zurück. So wird uns im Erleben des Atems die Gesetzmäßigkeit voll bewußt, die der Buddhismus als grundlegend betrachtet: die Gesetzmäßigkeit, daß Leben unaufhörlicher Wandel ist, der in einem ständigen Geben und Nehmen seinen Ausdruck findet. Nichts gibt es, was wir als unser Eigentum betrachten und festhalten können: weder unsere Stellung noch unseren Besitz.

In dem Augenblick, in dem wir auch nur den Versuch machen, etwas festzuhalten, wird es zu einem tödlichen „Gift".

Das trifft auch auf unseren weltlichen „Besitz" zu, der zum Gift für unser Leben wird, wenn wir uns an ihn klammern und versuchen, das Entgleitende zu halten. Wir erstarren dann, weil wir fixiert sind, und sehen nicht mehr die Fülle des Lebens. In dem Augenblick aber, in dem wir fähig werden, alles aufzugeben und nicht mehr an irgend etwas kleben, sind wir frei. Denn Freiheit besteht nicht darin, daß man tun kann, was man möchte oder wünscht, sondern allein darin, daß man sich unabhängig von allen Dingen der Welt macht, indem man seine eigene Mitte findet.

Durch Meditation versuchen wir, diese innere Zentrierung zu finden, die in der sogenannten Yoga-Haltung ihren symbolhaften Ausdruck findet. „Haltung" ist immer zugleich etwas Äußeres und etwas Inneres. So hat die Meditationshaltung etwas mit angewandter Psychologie zu tun. Sitzt man beispielsweise auf einem Stuhl mit beiden Füßen auf dem Boden, dann ist man nicht zentriert. Der Körper bedarf einer Rükkenstütze, und man versteift sich, denn man ruht nicht in sich selber. Sitzt man aber mit gekreuzten Beinen im halben oder ganzen Lotussitz, dann befindet man sich genau in der Mitte eines Dreiecks, das von den Beinen gebildet wird, und der Körper kann in sich selbst ruhen ohne irgendeine Rückenstütze. Ist aber erst einmal der Körper zentriert, dann ist es auch bald der Geist: Man kann den Geist nicht zentrieren, wenn man nicht zuvor dem Körper zu seiner Mitte verholfen hat! Dies ist die so grundlegende Lehre, die der Buddha im *Satipaṭṭhāna-Sutta* darlegte. Denn *satipaṭṭhāna* war ursprünglich keineswegs jene analytische Meditation, zu der man sie später machte, sondern war zunächst einmal ein reines Erfahren der Wirklichkeit und in ihrer Form der *ānāpānasati* ein reines Erfahren der Atmung: Wenn man einatmet, atmet die Welt durch einen hindurch. Man fühlt, daß man wieder mit Leben erfüllt ist. Man merkt nicht nur den Atem in den Lungen, sondern fühlt den Lebensatem bis hinab in die Zehen und Fingerspitzen. Der ganze Körper wird durch den Atem erneuert - vorausgesetzt, man atmet wieder aus.

Hier wird deutlich, daß *śūnyatā*, daß die „Leerheit" im Buddhismus nichts mit Negation und Nichtsheit zu tun hat, sondern wichtig für unsere Einsicht ist, daß Leben Wandel bedeutet und daß wir uns selbst umbringen, wenn wir uns dem lebendigen Wandel entgegenstemmen, indem wir versteinern. Doch wenn wir uns dem Wandel anvertrauen, wird Wandel für uns zur Erneuerung. Was uns im allgemeinen als „Vergänglichkeit" erscheint, ist nicht nur Auflösung. Nichts wird zerstört, ohne daß ein anderes an seinen Platz träte, das aus ihm in abhängiger Bedingtheit entsteht. Leben ist Wachstum, und wo kein Wachsen ist, da ist auch kein Leben.

Und hier, nachdem wir kurz die Bedeutung des Wandels und der Nichtdauer alles Gewordenen uns klargemacht haben, wollen wir noch jene andere großartige Idee der Lehre des Buddha vom *anātman* oder „Nicht-Selbst“ anschneiden. Diese Lehre vom „Nicht-Selbst“ oder „Nicht-Ich“ hat er nicht als bloßen Gegensatz zur *ātman*-Lehre der frühen *Upaniṣaden* entwickelt. Er machte vielmehr klar, daß, je weniger ein Mensch über die Tatsache grübelt, ein von anderen getrenntes und verschiedenes Individuum zu sein, er mit anderen und für andere fühlt und dadurch über sich selbst hinauswächst. Je mehr man gibt, umso mehr empfängt man. Und dies kann, wie zuvor gesagt, besonders im Bereich der Körperfunktionen deutlich beobachtet werden: der Muskel, der betätigt wird, kräftigt sich, statt schwächer zu werden. Ebenso nimmt die Leistungsfähigkeit unseres Gedächtnisses zu mit jeder Leistung, die wir ihm abverlangen.

Doch kommen wir zurück auf den Begriff des Selbstes oder des *ātman*, der ja wurzelverwandt in seiner Wortbildung mit dem deutschen Wort Atem ist. Die frühen *Upaniṣaden* betrachteten das, was sie mit dem Chiffre *ātman* belegten, als den elften *prāṇa* (= Atem). *Ātman* erschien ihnen also als eine dynamische Funktion, nicht aber als etwas, das wir festhalten oder gar besitzen können. Zur Zeit des Buddha war der *ātman*-Begriff aber bereits so versteinert, daß die Menschen die Funktion derart mißverstanden, daß sie diese als etwas Substantielles auffaßten bzw. als einen „Wesenskern“, mit dem wir uns identifizieren können. So wurde das Wort *ātman* - ursprünglich Symbol für den ununterbrochenen dynamischen Wandel unseres Menschseins - seiner Weite und Freiheit beraubt, indem es mit einem statisch konzipierten Ichkern gleichgesetzt wurde. Diesen *ātman*-Begriff erklärte der Buddha als unzulässig, da er der Wirklichkeit nicht entspricht. Und so stellte er dem Grenzen und Abgrenzungen schaffenden Konzept eines Selbstes die Lehre vom „Nicht-Selbst" gegenüber, die uns die Welt so vor Augen führt, wie sie wirklich ist und uns die Unbegrenztheit der Innen- und Außenräume eröffnet. Ein Mensch, der dies erfahren hat, wird sich nie mehr fürchten, das zu verlieren, was ihm nie gehörte.

Menschen, die von einem „Selbst" oder „*ātman*" als einem metaphysischen Begriff reden oder es zu einem Vorstellungskomplex von etwas „Ewigem" oder „Dauerndem" erheben, sprechen über etwas, was sie nie erfahren haben, und es ist ihnen auch unmöglich zu beweisen, daß es mit der Wirklichkeit übereinstimmt. Buddha *Śākyamuni*, der immer klare Aussagen machte, forderte daher folgerichtig, daß man so meditieren soll, als ob man kein Ich wäre. Dann nämlich erkennt man, daß alle Funktionen des Geistes und des Körpers Dinge sind, die in Wirklichkeit nicht von einem Etwas abhängen, das man sein „Selbst" nennt, sondern vielmehr von einem Universellen, das sich im bedingten abhängigen Entstehen darstellt.

Die Erfahrung dieses Universellen aber gelingt uns am besten durch das bewußte wache Sehen des Kommens und Gehens unseres Atems. Wir atmen in einem Element, das außerhalb unserer selbst ist, dann plötzlich scheinbar unser „eigen" wird, ohne daß wir es halten könnten, und das sich am Ende - sich uns entziehend - universalisiert. In diesem Sinne muß nun jede Funktion unseres psycho-physischen Organismus gesehen und verstanden werden als eine universale Funktion, die sich in unserer Individualität einen Augenblick manifestiert. In diesem Sinne kann man von Individualität sprechen. Aber diese Individualität ist nicht etwas, dem abgetrennt von der ganzen übrigen Welt ein Eigensein oder ein Bestand für sich und in sich selbst zukommt. Nur, wenn man sich eingebunden weiß als Teil im Ganzen, kann man von sich und anderen Wesen als Individuen - d.h. als einmalige Erscheinungsformen des Universellen - reden. Hat man dies einmal erfahren, dann weitet sich unser Fühlen vom rein persönlichen Empfinden zum Mitempfinden mit allen Wesen.

Ich habe versucht, Ihnen mit *Worten* einen Zugang zum Verständnis einiger Voraussetzungen für die Meditation im Sinne des *Vajrayāna* zu vermitteln. Doch nicht die Worte, die Sie hörten, sind das Wesentliche: Sie sind nur ein Finger, der auf etwas Darüber-Hinausgehendes weist. Auf die Sprache sollte man nur als auf ein Medium blicken, nicht aber als etwas, was für sich selbst von Bedeutung und Wichtigkeit wäre. Sie ist Ausdruck der Empfindungen des Sprechenden oder richtiger: seines Bewußtseins. Allein durch ein Sich-Öffnen ist es möglich, in jene Kommunikation zu treten, wo unmittelbares Verstehen möglich ist - der Voraussetzung jeder Celaschaft auf dem Wege der Meditation.

Die Bedeutung von Vaiśākha

Der Vollmondtag des *Vaiśākha* wird nicht nur als einfaches historisches Ereignis im Leben des Buddha gefeiert, sondern als Zusammentreffen dreier spirituell verbundener Ereignisse, die den gesamten Lebensweg des Buddha umschließen: seine Geburt, seine Erleuchtung und sein endgültiges Nirvāṇa (Parinirvāṇa). Dies gibt dem *Vaiśākha*-Tag eine zeitlose Bedeutung und erhebt ihn über alle rein historischen Erwägungen hinaus in die Sphäre eines jederzeit gegenwärtigen Ereignisses des Geistes. Dies ist es, was Buddhisten aller Schulen, Traditionen und Nationalitäten vereint und die Gestalt des Buddha zu einem Symbol ihres gemeinsamen Zieles macht.

Deshalb ist *Vaiśākha* ein Tag der Einigung, ein Tag, an dem alle Unterschiede, die aus unseren besonderen Meinungen und Theorien entstehen, beiseite gelegt werden, um sich in stiller Verehrung vor dem Symbol des „Vollendeten“, des Erleuchteten, zu verneigen. Es ist ein Tag, an dem lediglich ein Wunsch in jedem wahren Buddhisten lebendig sein sollte: das Streben nach dieser Vollkommenheit, dieser Wandlung bewirkenden Harmonie und Ganzheit, diesem wahren Zustand der Erleuchtung.

Die Tatsache, daß der Buddha als Mensch unter Menschen lebte, gibt uns den Mut, ihm zu folgen. Daß er als Mensch den Menschen in sich erfolgreich überwand, gibt uns die Gewißheit, daß auch wir uns selbst überwinden können, daß auch wir unsere menschlichen Begrenzungen überschreiten und uns aus den Fesseln von Tod und Geburt befreien können.

Wenn ich sage, daß dem Buddha gelang, den Menschen in sich zu überwinden, möchte ich damit ausdrücken, daß er zwar ein Mensch in der allgemeinen Bedeutung des Wortes war, aber daß er nicht *nur* Mensch war. Er war mehr als das, er war etwas, was in die Zeitlosigkeit und Unendlichkeit hinüberragt, in der Vorstellungen von „Mensch" oder „Nicht-Mensch" ihre Bedeutung verlieren.

Diese „transzendentale" Natur widerspricht in keiner Weise dem Menschsein des Buddha; im Gegenteil, zeigt sie doch nur die jedem menschlichen Wesen - ja, jeder Form des Lebens überhaupt - innewohnende transzendentale (wenn auch unentwickelte) Natur. Dies wird nachdrücklich in der *anattā*-Lehre, der Lehre des „Nicht-Ich", zum Ausdruck gebracht, die besagt, daß wir das transzendentale Wesen des Menschen nur erkennen können, wenn wir über die begrenzte Vorstellung der Ichheit - in der vom Buddha verwendeten

Bedeutung des Pali-Wortes *atta* - hinausgehen, sie „transzendieren".

Um zu zeigen, daß der Buddha dies vollständig verwirklicht hatte und deshalb nicht mehr anhand seiner körperlichen Erscheinung dargestellt werden konnte, unterließen es seine Schüler, ihn abzubilden. So wies die buddhistische Kunst in den ersten Jahrhunderten lediglich durch Fußabdrücke und ähnliche Symbole auf die Gegenwart des Buddha hin.

Als unter dem Einfluß der hellenistischen Kunst der Versuch gemacht wurde, eine plastische Darstellung des Buddha im konventionellen, realistischen Stil des griechischen Portraits hervorzubringen, endete dies im pathetischen Fehlschlag der Gandhara-Kunst, die - obgleich von ästhetischem und historischen Interesse - bar jeder religiösen Inspiration ist. Da die Plastik des Gandhara-Stils oberflächlich und steril war, konnte sie glücklicherweise keinen bleibenden Einfluß ausüben. Sie verschwand so schnell, wie sie entstanden war, und wurde bald von einer neuen Phase spirituell beeinflußter Kunst abgelöst, in der der symbolische Wert an die Stelle der realistischen Darstellung der idealen Gestalt der Buddhaschaft trat.

Das Symbol des Rades, das lange Zeit benutzt worden war, um die Gegenwart des lehrenden Buddha anzuzeigen, wurde jetzt in die lebendige Geste der *dharmacakra-mudrā* umgewandelt, wie wir sie in der berühmten Statue von Sarnath sehen können. Die geduldige Hingabe unzähliger Generationen von

Künstlern und Anhängern des Buddha ließ erreichen, was die Fähigkeit eines einzelnen Künstlers niemals vermocht hätte. Die ideale Gestaltung einer Buddha-Darstellung entwickelte sich langsam, bis alle Nebensächlichkeiten der kurzlebigen menschlichen Existenz verschwunden waren und nur der Ausdruck von erhabenem Frieden, Weisheit, Sammlung, Harmonie, liebevoller Güte und Mitgefühl zurückblieb.

Sogar ein Mensch, der nichts über die Lehre des Buddhas weiß, würde beim Anblick einer derartigen Buddha-Statue zu der Überzeugung kommen: „Dies ist in der Tat die vollkommene Darstellung eines vergeistigten Menschen, der, ohne den festen Boden der Realität unter seinen Füßen zu verlieren, seine Körperlichkeit annimmt und veredelt, ohne daran zu haften und ohne davon abhängig zu sein, der mit sich und der Welt in Frieden lebt. Welche Gelassenheit und welches Glück spiegeln sich in seinem Antlitz, welche Gleichmut und Ruhe in jedem Glied seines Körpers, welche vollkommene Entspannung und - bei gleichzeitiger Selbstkontrolle - welche tiefe Stille und Harmonie! Eine Harmonie, die ansteckend ist und den Betrachter durchdringt! Da gibt es keinen Zweifel, kein Verlangen, keine Ruhelosigkeit, keine Unsicherheit, keine Jagd nach Äußerlichkeiten und keine Abhängigkeit von irgend etwas mehr. Dort herrscht höchste Glückseligkeit, in einem Wort: Vollkommenheit."

Wer dieses Bild vor seinem geistigen Auge hervorbringen und lebendig werden lassen kann oder - mehr noch - wer es in sich selbst erfahren kann, wie die großen Meditationslehrer es in wortloser Vertiefung und selbstloser Hingabe konnten und nach wie vor können, der hat den ersten Schritt zu innerer Transformation und Befreiung getan. Er hat die Haltung gefunden, aus der das Wissen des ewigen Dharma geboren wurde und immer geboren werden wird.

Dieses Bild des vollkommenen und ganzen Menschen, das sich in Jahrtausenden meditativer Erfahrung herauskristallisiert hat, stellt nicht etwa einen willkürlich herausgegriffenen Augenblick aus dem Leben des Buddha dar, sondern ist die Gesamtsumme, die Quintessenz seiner spirituellen Handlungen - so wie der heilige *Vaiśākha*-Tag der Gesamtheit seines irdischen Lebens gedenkt und es umschließt. So wie die Gestalt des *Tathāgata* zu einem Symbol wird, so wird auch sein Leben zu einem Symbol. Es ist für alle Zeiten und alle Menschen gültig, es ist der Ausdruck eines inneren Gesetzes.

So wie sich die Schüler des Buddha in Hinblick auf die sichtbare Darstellung des Erleuchteten verhielten, entschieden sie sich auch in Bezug auf seine Lebensgeschichte. Sie enthielten sich einer realistischen, sachlichen Biographie ebenso wie sie ein realistisches Porträt seiner Gesichtszüge und seiner äußeren Erscheinung verworfen hatten. Nicht die groben Fakten und ihr zeitliches Vorkommen oder ihre chronologische Reihenfolge war ihnen wichtig, sondern die spirituelle Suche des Buddha, die Entwicklung seines inneren Lebens, die Erfahrungen, die zu seiner Erleuchtung und der Formulierung seiner Lehrreden führten. Diese inneren Erfahrungen wurden später in der Lebensbeschreibung des Buddha in Form äußerer Begebenheiten konzentriert. Sie brachten eine wunderschöne und zutiefst wahrhaftige Symbolik in Kunst und Dichtung hervor, welche die ewige Botschaft des Buddha in die entlegendsten Winkel der Welt brachte und mehr für die Verbreitung des Buddhismus getan hat als die wissenschaftlichen Abhandlungen der Philosophen und Gelehrten.

Die sogenannten historischen Fakten aus dem Leben des Buddha waren jedoch von so geringer Bedeutung, daß es bis zum heutigen Tag unmöglich ist, das Geburtsjahr des Buddha genau festzustellen. Selbst das Jahrhundert, in dem er lebte, ist für die verschiedenen buddhistischen Schulen strittig. Sie sind sich noch nicht einmal über den Namen von Siddhārtas Frau einig oder darüber, ob Rāhula geboren wurde, bevor oder nachdem der Bodhisattva seine Familie verlassen hatte.

Alle stimmen aber darin überein, daß der Buddha den ewigen Dharma verkündete, der von seinen spirituellen Vorgängern sowohl in diesem Weltzyklus *(kalpa)* als auch Äonen zuvor gelehrt worden war. Sie stimmen ferner darin überein, daß diese Unterweisungen wieder vom zukünftigen und letzten der fünf Buddhas dieses *kalpa*, nämlich *Maitreya*, gelehrt werden. Während er über die Buddhas der Vergangenheit und Zukunft spricht, vergleicht der gegenwärtige Buddha ihre Leben und Handlungen mit den seinen;

tatsächlich erfahren wir nur durch diese Verbindung etwas über die hauptsächlichen Geschehnisse seines eigenen Lebens. Die Namen der Buddhas dieser und der vorangehenden Äonen sind allen buddhistischen Traditionen bekannt.

Man erfährt und spricht also mehr über die spirituelle Herkunft des Buddha als über seine weltliche Abstammung, obwohl die Tatsache, daß er aus einer königlichen - oder zumindest adeligen - Familie stammte, es leicht gemacht haben sollte, die Abstammung und den historischen Hintergrund seiner Vorfahren aufzuzeigen. Dies zeigt deutlich, daß seine spirituelle Herkunft, die zurecht als sein universeller Hintergrund bezeichnet werden kann, für weitaus wichtiger gehalten wurde als seine historische und materielle Herkunft.

Dieser universelle Hintergrund verweist auf einen der tiefsten Gedanken des Buddhismus, der seine Lehre über die beschränkten Vorstellungen dogmatischer Sektiererei emporhebt: es ist die unausweichliche Schlußfolgerung, daß die Erleuchtung eine dem Universum innewohnende Eigenschaft ist oder, genauer gesagt, daß sie in jeder Form von Bewußtheit latent ist und deshalb, dem universellen Gesetz entsprechend, zur Reife kommen muß, sobald die Bedingungen dafür günstig sind.

So muß das menschliche Leben eines Buddha aus einer gänzlich anderen Perspektive betrachtet werden. Es wird zu einem bloßen Bruchteil einer weitaus größeren und wichtigeren Entwicklung, in der das menschliche Element in der Hauptsache das Medium für die Entdeckung der universellen - und in diesem Sinne transzendentalen - Natur des Geistes oder des Bewußtseins darstellt, die nach dem *Prajñāpāramitā-Sūtra* in seiner wahren Natur „unbegreifbar" ist.

Sie ist ebenso unbegreiflich wie der Zustand des Nirvāṇa, den wir nicht begrifflich definieren können und von dem wir lediglich sagen können, was er *nicht* ist. Aber bis zu einem gewissen Grad können wir uns einen Menschen vorstellen und visualisieren, in dem alle Eigenschaften verkörpert sind, die zur Verwirklichung dieses Zustands führen. Und da unser Bemühen ein verständliches, greifbares und konkretes Ziel benötigt, das uns mit Mut und Gewißheit zu erfüllen vermag, so kann es dafür keine geeignetere Gestalt geben als die des Vollkommenen, verkörpert im spirituellen Bildnis des Buddha, welches - wie ich es noch einmal betonen möchte - weitaus bedeutsamer ist als die kurzlebige physische Gestalt einer historischen Persönlichkeit. Diese Persönlichkeit, wie alles andere, das entstanden ist, gehört dem Reich des Todes an, während das, was Siddhārtha zum Buddha machte, zur Ewigkeit gehört.

Deshalb kann das *Parinirvāṇa*, das letzte und größte Rätsel im Leben des Buddha, niemals als Tod bezeichnet werden - was könnte es an einem Buddha denn Sterbliches geben? Ein Erleuchteter, ein vollständig Befreiter, unterliegt weder dem Tod noch der Wiedergeburt; er, der nichts mehr sein Eigen nennt, kann nicht mit seinem stofflichen Körper gleichgesetzt werden, und deshalb kann ihn die Auflösung seiner körperlichen Bestandteile nicht berühren, nichts an seiner wesentlichen Natur ändern. Deshalb heißt es:

> Kein Maß gibt es für ihn, der hin zum Ende ging.
> Nicht gibt's ein Wort, durch das man ihn erfaßt.
> Wenn alles Denken völlig abgetan,
> Sind abgetan auch aller Rede Pfade.
>
> *Sutta Nipata*, 1076

Diese Unermeßlichkeit des erleuchteten Geistes, die für die Sinne und unsere weltliche Logik „unbegreifbar" ist (da nur das, was begrenzt ist, von den Sinnen berührt und wahrgenommen und vom Intellekt erfaßt werden kann) kann intuitiv gefühlt und empfunden werden und - auf einer höheren Stufe - visualisiert und erfahren werden.

Dann wird der Buddha für uns mehr sein als eine Gestalt der Vergangenheit; er wird zu einer zeitlosen, immer gegenwärtigen Realität, an der wir in jedem Augenblick unseres Lebens teilnehmen können.

Solange wir den Buddha nicht in unserem eigenen Bewußtsein erwecken und verwirklichen, werden alle unsere moralischen und philosophischen Vorstellungen bruchstückhaft und deshalb leblos und unwirklich bleiben. Denn unsere Auffassungen und Meinungen bleiben nur an der Oberfläche und dringen nicht durch zu den Tiefen unseres Seins, den Wurzeln unserer Existenz.

Indem wir den Buddha in unserem Geist als die lebende Verkörperung des unvergänglichen Dharma visualisieren, werden wir die Stärke finden, seinem heiligen Weg zu folgen, bis wir selbst das Ziel der Buddhaschaft erreicht haben. Dazu sollte uns die Feier des *Vaiśākha* inspirieren; und aus diesem Grund erneuern an jenem Tag Millionen von Übenden ihr feierliches Gelübde, nach Erleuchtung zu streben.

Götter, Helfer und Heilande

Kosmos und Chaos sind Pole des Weltgeschehens, die einander bedingen wie Tag und Nacht, Raum und Zeit, Synchronizität und Kausalität. Im Spannungsfeld zwischen diesen Polen steht der Mensch und hat teil an beiden, woraus ihm seine Zwitterhaftigkeit erwächst, ebenso wie sein Leiden und seine mögliche Größe.

Die Götter sind die schöpferischen Kräfte des Kosmos, die jedoch keine Macht über das Chaos haben. Sie wirken schöpferisch, insofern als sie Harmonie - nicht aber die Welt selbst - zu erschaffen vermögen.

Die Dämonen hingegen sind Kräfte, die Auflösung bewirken. Sie können aber den Menschen, der jenen Gesetzen göttlicher Harmonie, die seinem innersten Wesen zugrunde liegen, folgt, ebensowenig vernichten, wie ihn göttliche Kräfte ins Leben rufen können. Denn es ist einem Gott nicht gegeben, einen Menschen zu erschaffen. Wohl aber kann der Mensch Götter als Verkörperungen seines höchsten Sehnens und Strebens schöpferisch gestaltend hervorbringen - allerdings nicht willkürlich als Produkte eines bewußt herbeigeführten Schöpfungsaktes, sondern vielmehr als Blüte seines noch schlafbefangenen Wesens, die - um im Bilde zu bleiben - ganz dem Wesen jener Pflanze entspricht, aus der sie erwuchs.

Daß Gott oder Götter den Menschen nicht erschaffen haben, ergibt sich schon daraus, daß sie als „vollkommene" Wesen betrachtet werden: Wie aber könnten sie dann etwas erschaffen, was unvollkommen ist? Wohl aber mögen umgekehrt im unscheinbaren Kern bereits die Blüte und Frucht höchster Entfaltung verborgen sein, so wie die eben aus dem Kern tastend ins Dunkle der Erde vordringenden Wurzeln bereits schon jetzt jene gestaltenden Kräfte aufnehmen und sammeln, die sich einst in der in Vollkommenheit erstrahlenden Blüte und gereiften Frucht offenbaren. So kann aus dem Unzulänglichen die Sehnsucht nach Vollendung erwachsen: jene Sehnsucht, die schöpferische Kraft ist und die wir meinen, wenn wir vom „Schöpferisch - Göttlichen" in uns sprechen. Aber aus eben diesem Grunde sollte man nicht nur bei gottgläubigen Menschen als vom „Göttlichen erfüllt" reden, sondern auch bei all jenen, die über sich selbst hinaus streben, seien sie nun gottgläubig oder Gottesleugner. Denken wir daran, daß wohl niemand gottestrunkener in unserer Zeit war als Nietzsche, der große Gottesverächter, der das Wort prägte: „Der Mensch ist etwas, das überwunden werden soll." Doch sollte man die Götter nicht als Hirngespinste einer frühen

Menschheitsentwicklung noch als bloße Abstraktion all der in der Natur oder im Unterbewußtsein wirkenden Kräfte betrachten: Kraft für sich genommen besagt überhaupt nichts, gleichgültig, ob wir sie nun als Lebensdrang, Vitalkraft, Weltenergie oder dergleichen bezeichnen. Allein geformte und gerichtete Kraft kann wirksam werden: Form und Richtung erst sind es, die ihr Wirklichkeit verleihen. So ist beispielsweise die Kraftentwicklung von Lichtstrahlen gleich Null. Gehen die gleichen Strahlen aber durch ein Stück Glas, das zur Form eines Brennglases geschliffen wurde, so können sie Flammen erzeugen.

Von allen geformten und formenden Kräften ist uns nun allein unser Bewußtsein - dessen sichtbarer Ausdruck unser Körper ist - unmittelbar zugänglich. Wenn wir durch unsere meditative Bemühung gelernt haben, ganz in der Gegenwart zu leben, so erfahren wir, daß jeder Bewußtseinsakt formende Kraft besitzt und am Aufbau und Wandel unserer individuellen Form wirkt, indem er unsere Geist-Leiblichkeit (skt.: *nāma-rūpa*) in jedem Augenblick neu gestaltet, d.h. im gleichen Maße materiell wie spirituell sich auswirkt. Aber damit erschöpft sich seine Wirkung nicht: wie bei einem magnetischen Feld beschränkt sich seine Wirkung nicht auf seinen Ausgangspunkt, sondern wirkt sich in der weiteren Umgebung nach allen Seiten hin aus und beeinflußt - entsprechend der Stärke des ursprünglichen Impulses - andere Bewußtseinszentren und darüber die gesamte Persönlichkeit. Die Intensität der Auswirkung aber beruht weniger auf dem eingebrachten Energieaufwand selbst, als vielmehr auf Bildhaftigkeit und Plastizität der schöpferischen Imagination. Die Ideen des Christentums würden nie die Welt so nachhaltig beeinflußt haben, wenn nicht der Kreuzestod Christi zum anschaulichen Symbol seiner Lehre geworden wäre. Auch ein Buddha hätte nie über seine Zeit und die Grenzen des indischen Subkontinents hinauswirken können, wenn er nicht zur lebendigen Verkörperung und zum Symbol seiner Lehre geworden wäre und wenn es ihm nicht gelungen wäre, die von ihm gefundenen Wahrheiten in plastisch-anschaulicher Form darzustellen. (Man denke hier nur an die zwingende Überzeugungskraft der vier Begegnungen des Prinzen Siddhārtha bei seinen vier Ausfahrten, die, die Problemstellung des Leidens und deren Lösung vorwegnehmend, auch heute noch jeden Menschen ansprechen.)

Bilder und Schauungen erweisen sich hier (im Sinne des griechischen *„eidos"*) als sichtbar gemachte Verkörperungen innerer Erfahrungen, als welterschütternde und weltbewegende formende Kräfte, die keine blutleeren Phantasmen, sondern Wirklichkeit erschaffende Mächte sind. Unter diesen Bildern gibt es nun solche, die nicht nur geistiger Besitz bevorzugter Individuen, Mysterienbünde oder hochentwikkelter Kulturen sind, sondern die als gemeinsames Gut der ganzen Menschheit gehören, die in diesen „Urbildern" einen Kulminationspunkt schöpferischer Gestaltung erreicht. Die Formen, die diese Archetypen annehmen können, wechseln. Doch sind sie alle aus jener elementaren Sehnsucht der Menschen, von der weiter oben gesprochen wurde, erwachsen und vermitteln - wenn spontan durchbrechend - ein gleichartiges Erleben, das allein mit dem Wort „Befreiung" angedeutet werden kann. Und wann immer dieses Sehnen seinen Höhepunkt erreicht, verdichtet sich das Bewußtsein der Menschen, sobald die Bedingungen reif oder günstig sind, zu einem dieser Urbilder, um sich in der Gestalt eines Gottes, eines göttlichen Helden oder Heilandes zu verkörpern.

Und diese Gottheit (oder der zu ihr gewordene göttliche Held oder Heiland) lebt und wirkt im wahrsten und buchstäblichsten Sinne des Wortes so lange, wie es Menschen gibt, die sie mit den Kräften ihrer Seele durch Liebe und Hingabe nähren. Und sie wächst in dem Maße, wie die Gläubigen im Geiste an ihr bauen und als sie selber umgekehrt die Macht hat, sich im Bewußtsein der Menschen gegenwärtig zu halten. Und so entfaltet sie sich und wirkt so lange, bis auch ihre Zeit gekommen ist, sich selbst zu erlösen - sich endgültig zu *lösen* ... Und dann? Schweigen - Götterdämmerung - oder Herabstieg zur Menschenwelt zu neuer, letzter Verwandlung ...

Universelle oder göttliche Kraft ist uns nicht zu eigen, wohl aber können wir in uns die Bereitschaft erschaffen, für sie empfänglich zu werden, indem wir uns ihrem Einfluß öffnen. Licht ist immer gegenwärtig, aber solange wir es aussperren, bleiben wir im Dunkeln. Selbst die höchste Kraft bedarf unserer bereitwilligen Mitarbeit. Doch wenn wir unsere Ich-bezogenheit betonen, verschließen wir uns dieser Kraft, die uns an sich immer zugänglich ist. Indem wir uns aber ihr öffnen, empfangen wir sie in dem Maße, in welchem wir uns, d.h. unser Ich, unsere Selbstheit, ihr ausliefern.

Das Erstaunliche daran ist jedoch, daß in dem Augenblick, in dem uns diese Kraft erfüllt, unsere Persönlichkeit durch sie nicht zum Verschwinden gebracht oder gar zerstört wird, sondern vielmehr von ihr wie ein Gefäß gefüllt wird, so daß selbst dann, wenn diese Form zerbricht und unser Ichbewußtsein ausgelöscht ist, die Einmaligkeit unserer Individualität weiterschwingt und in einen einmaligen, nicht wiederholbaren Ausdruck der Universalität transformiert wird.

Kraft ist an sich nicht schöpferisch. Sie wird es nur, wenn sie auf Widerstand trifft. Deshalb bedarf das Universelle des Individuellen, das Göttliche des Menschlichen, um sich selbst zu erkennen. Dies ist *līlā*, das kosmische Spiel, von dem Angelus Silesius sagt:

Ich weiß,
daß ohne mich Gott nicht ein Nu kann leben:
Werd' ich zunicht,
er muß vor Not den Geist aufgeben.

Je größer die Spannung oder der Abstand zwischen zwei Polen ist, desto größer ist die Kreativität beziehungsweise die Kraft der Erkenntnis und Verwirklichung. Die Gefahr des Westens besteht in der Überbetonung des Pols der Individualität und damit der

Ich-Aktivität und Willenskraft. Der Osten hingegen ist ständig in Gefahr, den Pol der Universalität zu stark herauszustellen und so den Wert der Individualität zu verleugnen, was zu einem passiven Aufgehen und Sich-Auflösen in einer amorphen Einheit führen kann.

Beide Haltungen stellen sich somit in einen Gegensatz zu der aller Existenz innewohnenden Gesetzmäßigkeit: die eine, indem sie das Universelle verdrängt, die andere, indem sie der Individualität den ihr zukommenden Wert abspricht. Diese letztere Haltung aber widerspricht völlig der Vorstellung eines „göttlichen Universums", wie sie von vielen hinduistischen Schulen vertreten wird, weil auf diese Weise das Ganze darauf hinausliefe, die konzipierte göttliche Kraft dahingehend anzuklagen, daß sie völlig sinnlos eine Welt individueller Formen hervorgebracht habe. So erweist sich die Überbetonung der Einheit (wie beispielsweise im monistischen *Advaitavada* des *Sankaracarya*) als ein ebenso großer Fehler wie jene eines Dualismus oder eines Pluralismus.

Wenn wir Dualität als unüberbrückbare Gegensätzlichkeit oder bloße Opposition betrachten und nicht als naturgegebene Polarität ein und derselben Erscheinungsform beziehungsweise wenn wir Partei ergreifen für nur eine Seite einer solchen Ganzheit, indem wir die andere vollkommen negieren und ausklammern, dann leiden wir unter einer der schlimmsten Illusionen. Versuchen wir jedoch die Tatsache der Polarität zu negieren, indem wir behaupten, alle Dinge seien im Wesen ein und dasselbe, dann leben wir in einer noch weitaus größeren Illusion, weil wir unsere Augen vor den alleraugenfälligsten Erfahrungstatsachen verschließen. Wie sich ein Trinker, der jeglichen Sinn für Unterschiede in seinem Rausch verloren hat, einbildet, in einem Zustand vollkommener Verbrüderung und vollkommenen Gleichklanges mit allem und jedem um sich herum zu leben, da sein Sinn für Individualität und Selbstverantwortlichkeit betäubt ist - in gleicher Weise betrügen sich jene selbst, die da glauben, das Höchste oder den Zustand göttlicher Vereinigung erreicht zu haben, wenn sie sich in einem bewußtlosen *„Samādhi“* oder einem tranceggleichen Zustand verloren haben. Nur der, dem es gelingt, jenes Wissen um die Universalität in sein individuelles Alltagsbewußtsein hineinzunehmen, um die Aktivität eines normalen Lebens zu verwirklichen, hat etwas erreicht, das erstrebenswert ist. Wer dies nicht vollziehen kann, ist seiner Problematik nur für eine begrenzte Zeit entflohen und wird darüber hinaus leicht nach anormaler Trance oder Selbsthypnose süchtig, wie andere nach einer Droge.

Doch Individualität - das Nicht-Teilbare - ist keine unwandelbare, ewige „Seele“. Sie ist eine kontinuierliche Richtung innerhalb dauernden Wandels. Denn was uns zu Individuen macht, ist nicht die „Ewigkeit“ unserer Psyche, sondern das Bewußtsein der Kontinuität auf dem Wege, dem wir folgen, entsprechend unserer jeweiligen Entwicklung und den entsprechenden Wandlungen in unserer inneren Einstellung. Somit ist im buddhistischen Verständnis Individualität das Ergebnis ständiger, konsequenter und folgerichtiger Transformation im Prozeß geistigen Wachsens.

Alle Inhalte des Bewußtseins sind notwendigerweise auf unser jeweiliges biologisches Zentrum bezogen. Aber das bedeutet keineswegs, daß sie ichgebunden im Sinne einer überakzentuierten Ich-bezogenheit sind. Jede Erfahrung setzt zwar ein erlebendes Subjekt voraus, jedoch ohne daß eine solche Erfahrung unbedingt den Glauben an ein fortdauerndes oder ewiges, unwandelbares Selbst erfordert. So wird beispielsweise das Ich des Betrachters eines besonders schönen Sonnenunterganges beziehungsweise das des Hörers einer wunderbaren Symphonie völlig irrelevant. Und wenn die Erinnerung an eine solche Erfahrung in unser Unterbewußtes absinkt, bleibt nichts von unserem Ich.

Die Transformation unserer dunklen, unterbewußten Triebe und Reaktionen in lichte, klare Gedanken und Kontemplationen, die zu spontanen Schaubildentfaltungen in der Meditation führen, sind - wie C.G. Jung es einmal ausdrückte - im wahrsten Sinne des Wortes eine „zweite Kosmogonie".

Bereits auf frühen Stufen biologischer und physiologischer Prozesse können wir eine sinnvoll und konsequent wirkende Kraft feststellen, die einen sich selbst immer wieder regenerierenden Organismus durch Auswahl und Assimilation anorganischer und/

oder organischer Substanzen erschafft und erhält, indem sie diese in lebendige, körpereigene Substanz verwandelt. Ist diese Basis vorhanden, so ist das Bewußtsein für den zweiten Schritt seiner Entwicklung reif: es kann sich nun seiner selbst bewußt werden. Damit aber ist uns die erste Chance unserer endgültigen Befreiung von den Banden karmischer Verflechtungen eröffnet.

Götter, die wir verehren, erwachen zum Leben, selbst wenn es sie zuvor nie gegeben hätte, und sie sterben, wenn sie nicht mehr verehrt werden, selbst wenn sie zuvor Jahrtausende existiert haben. Denn Anrufung und Verehrung ist jener mittels Konzentration des Bewußtseins auf eine Idee, ein Bild, ein Symbol oder eine Emotion hervorgerufene geistige Schöpfungsakt, der umso wirksamer wird, je mehr vorgenannte Komponenten kombiniert gleichsinnig eingesetzt werden. Wenn jedoch Anrufung und Verehrung zu mechanisch-automatenhaften Handlungen oder zu rein intellektuell-abstrakten Konzepten herabgemindert werden, so sind sie zur Wirkungslosigkeit verurteilt.

Das Ritual ist jene Technik, durch die Idee, Bild, Symbol und Gefühl zur Einheit verschmolzen werden. Mit dem Niedergang und Erlöschen der Rituale sterben die Götter. Die genaue Kenntnis des Rituals wurde deshalb von altersher als Schlüssel betrachtet, der uns den Zugang zu jenen Kräften eröffnet, die sich in den Göttern verkörpern. Um Mißbrauch zu verhindern, wurden gewisse Rituale geheimgehalten, vor allem aber die Details, denen besondere Bedeutung zugesprochen wurde und von deren korrekter Durchführung die spezifische Wirksamkeit dieses Rituals abhängig sein sollte.

Echte Rituale können nicht erfunden oder gemacht werden. Sie erwachsen aus der spontanen Erfahrung geistig hochentwickelter Einzelner, in denen die akkumulierte religiöse Erfahrung und Praxis vieler Generationen von Gläubigen manifest wird. Im allgemeinen kristallisieren sie sich um den ursprünglichen, sehr einfachen Kern eines Symbols oder einer entsprechenden symbolischen Handlung, die die spontane Antwort auf eine tiefempfundene Emotion oder Erkenntnis war. Wenn solche Rituale dann in der Lage sind, auch weiterhin in einem jeden von uns ein geistiges Bild wachzurufen, bleiben sie gewaltige formende Kräfte, da sie sowohl auf die bewußten wie die unterbewußten im Menschen angelegten Fähigkeiten wirken, indem sie diese aktivieren.

Der Effekt eines solchen Rituals ist zweifach: individuell und kollektiv, bzw. sowohl subjektiv als auch objektiv. Und hier betreten wir nun den Bereich der „Realität", womit sich die Frage erhebt, ob die Götter existieren oder nicht. Die Antwort auf diese Frage kann weder durch logische Beweise erbracht werden noch durch spekulative Aufzählung jener Wahrscheinlichkeiten, die dafür sprechen. Die Wirklichkeit eines Dinges oder einer Kraft ist nur nachweisbar durch *Wirken*. Ein Ritual aber, ebenso wie ein Inbild oder Symbol, das unmittelbare Wirkung erkennen läßt, das von Tausenden, ja Millionen von Gemütern Besitz ergreift und diese Menschen nicht nur entsprechend der inneren Richtung des Rituals formt, sondern darüber hinaus das Handeln von Millionen von Individuen bestimmt und so ein überindividuelles Bewußtseinskraftfeld erschafft, muß als „objektiv" erfaßbar akzeptiert werden, da es unabhängig von nur subjektiven Erfahrungen und individuellen Ansichten ist.

Diese in ihrem Wirken manifesten Energien, die ich vereinfachend „Götter" nannte, beinhalten nun alle „göttlichen" Kräfte und Energien, unabhängig davon, ob sie sich uns darbieten als ursprüngliche „primitive", hochentwickelte polytheistische oder pantheistische Ideen oder als Verwirklichung höchster menschlicher Erkenntnis und Vollendung, wie sie uns in Heiligen, Bodhisattvas und Buddhas begegnet, in denen sich das Menschliche und Universelle im Bereich des Geistes, im Bereich kosmischen Bewußtseins, vereinen.

Der Buddha und die Buddhisten aller Zeiten haben aus dieser Erkenntnis immer die Existenz von Göttern anerkannt, ohne dabei im geringsten von den essentiellen Grundsätzen des Buddhismus abzuweichen. Nur „moderne" Buddhisten, unter dem Druck der materialistischen Naturwissenschaften des vorigen Jahrhunderts (ein Standpunkt, der von der heutigen Wissenschaft längst verlassen wurde), tun sich schwer mit der Tatsache, daß der Buddha mit den

Göttern redete, und möchten den Buddhismus in ein areligiöses wissenschaftliches Theorem verwandeln.

Als der Buddhismus im vorigen Jahrhundert zunehmend bekannt wurde, geschah dies zu einer Zeit des großen Rausches wesentlicher Entdeckungen auf naturwissenschaftlichem Gebiet, als Positivismus und wissenschaftlicher Materialismus das Denken vieler Wissenschaftler beherrschte. Man suchte nach einer „Ersatz-Religion" und glaubte, sie in einem ethisch-philosophischen Buddhismus gefunden zu haben. Dabei übersah man die allerorts im Pālikanon zutage tretenden Aussagen des Buddha, die den rationalen und intellektuellen Bereich transzendierend hinter sich lassen. Und an diesem Erbe krankte der Buddhismus vielerorts bis auf den heutigen Tag, wo eine junge Generation die religiöse Seite des Dharma wiederentdeckt hat. Bis zu diesem Zeitpunkt aber war der abendländische Buddhismus eingeklemmt zwischen der Furcht, für religiös-gläubig gehalten zu werden, und dem Ehrgeiz, „wissenschaftlich" zu erscheinen. So meinte man denn, daß man von vornherein alles ablehnen müsse, was vom Christentum akzeptiert wurde, um andererseits alles, was sich wissenschaftlich beweisen läßt, als „buddhistisch" zu erklären. Zweifellos, der buddhistische Dharma steht nicht und wird auch nie mit wie auch immer gearteten wissenschaftlichen Erkenntnissen in Widerspruch stehen, da er die Welt der Wirklichkeit gemäß anschaut und um den Wandel von Einsicht und Erkenntnis weiß. Aber er leugnet deshalb nicht eine geistige Wirklichkeit, die

„dem Bereich des logischen und diskursiven Denkens unzugänglich ist", wie der Buddha wiederholte Male erklärte (so beispielsweise dem Ānanda, der den *Pratītyasamutpāda* als eine kausale Werdenskette verstand).

Nur wenige Gruppen des frühen europäischen Buddhismus entwickelten ein lebendiges religiöses Leben. Den meisten mangelte es an einem gefühlsmäßigen und kultischen Ausdruck, der nur durch Hingabe an das Buddha-Ideal möglich ist. In den traditionellen Ländern des Buddhismus - gleichgültig, ob sie dem *Theravāda* oder dem *Mahāyāna* angehören - spielt die Verehrung des Buddha eine wesentliche Rolle. Das erste, was jeder Buddhist - ob *Bhikṣu* oder *Upāsaka* - lernt, sind die sogenannten *„Vandana"*, die Verehrungsformeln, die während der *Pūjā* rezitiert werden. Daneben beinhaltet das *Pūjā*-Ritual stets das Blumenopfer sowie das Darbringen von Weihrauch, Licht, Wasser und Speisen und gipfelt in einem dreimaligen Sich-Verneigen, wobei die Stirn den Boden berührt. Dieses Ritual wird in allen Tempeln und vor allen Hausaltären beachtet, wobei am Morgen vorwiegend Blumen gestreut werden, am Mittag steht das Speiseopfer (besonders in den Klöstern) zentral, und am Abend werden vorwiegend Lichter und Weihrauch dargebracht.

Man muß nur in ein Land gehen, wo Götter noch lebendig sind, wie jene Regionen Indiens, die durch westliche Einflüsse noch nicht korrumpiert wurden, oder wie jenes Tibet, das ich noch kennenlernte, wo

Götter, Heilige, Bodhisattvas und Buddhas noch als lebendige Wirklichkeit erlebt wurden, um dort die Gegenwart jener Kräfte zu erfahren, die der moderne Intellektualismus als bloße Fiktion der Einbildung betrachtet oder als Folgen einer Massensuggestion bzw. eines „induzierten Massenwahns".

Wenn ich hier, statt den Terminus „Gott" zu gebrauchen, von „Göttern" spreche, so tue ich dies nicht, weil ich den Wert dieses Wortes unterschätze, sondern lediglich deshalb, weil der Begriff „Gott" dem direkten menschlichen Erfahren nur sehr beschränkt zugänglich ist und daher leicht intellektuellen Spekulationen und wilden Emotionen Tor und Tür öffnet. Die kühle Abstraktheit des monotheistischen Gottesbegriffes, die Jesus durch die Vorstellung des gütigen „Vaters im Himmel" zu beleben bemüht war, dürfte auch der Grund dafür sein, daß sich Christen lieber an Christus, Maria und die Heiligen wenden als direkt an Gott und daß die Muslime - eben wegen der abstrakten, jeder Anschaulichkeit fernen Natur Allahs - neben der sehr populären Heiligenverehrung ihre persönliche Beziehung zu Gott durch ein körperliches Ritual, das von tiefer Bedeutung und großem spirituellen Wert ist, herstellen müssen. In der katholischen Kirche nimmt diesen Platz die tägliche Kommunion ein, das wichtigste Ritual christlichen Glaubens und die größte Kraftquelle des Katholizismus. Das Verwässern dieses Rituals in einigen Schulen des Protestantismus resultierte dementsprechend auch in einer zunehmenden Säkularisierung des Christentums. So nimmt es nicht wunder, wenn in vielen protestantischen Ländern die Götter tot sind, während sie - in Form der Heiligen und der Gottesmutter - noch in den katholischen Ländern - vor allem des Südens - leben, wo diese Traditionen auf früheste Zeiten der Menschheit zurückgehen (so der Kult von Muttergottheiten, Genii loci, Laren, den abgeschiedenen Seelen, so die Riten des Segnens, des Exorzismus, des Schutzes etc.).

Die Bedeutung des Mantra im Vajrayāna

Wir sprachen letztes Mal über verschiedene Formen der Maṇḍalas. Wichtig ist zu erkennen, daß ein Maṇḍala immer etwas ist, das wir visualisieren müssen, also *sehen* müssen. Man kann daher über ein Maṇḍala nur insofern sprechen, wie man es sehend und verstehend ganz in sich aufnimmt. Dabei muß man wissen, daß es regelmäßig mit einem Laut verbunden wird. Und einen solchen Laut nennt man ein *Mantra*. Nun besteht über das, was man unter einem Mantra zu verstehen hat, eine große Verwirrung. Mantra bedeutet „Instrument des Geistes". Und es *ist* ein Instrument des Geistes. Doch die meisten, die mit einem Mantra arbeiten, gebrauchen weder Geist noch Denken: sie wiederholen lediglich für sie unverständliche Silben oder Worte. Sie haben keine Vorstellung davon, was das Mantra, das sie sprechen, bedeutet, reden blind daher und warten auf etwas, was vielleicht geschehen wird. Doch ein Mantra ist keine magische Formel. Es hat einen Eigengehalt und eine ihm innewohnende Bedeutung, die jedoch nicht immer in

Worten ausdrückbar ist. Es zeigt Verbindungen auf, die in die Tiefe gehen und weit über eine mögliche Wortdeutung hinausgehen. Man kann es mit der Musik vergleichen, die ebenfalls eine „Bedeutung“ und Sinnerfülltheit hat, obwohl diese nicht in Worten ausdrückbar ist. Worte können die Musik begleiten, und dennoch machen Worte nicht die Melodie. Und so wie Musik einen inneren Sinn und eine innere Bedeutung beinhaltet und dennoch nicht in Worten ausgedrückt werden kann, so hat auch das Mantra auf verschiedenen Ebenen, die wir alle berücksichtigen und verstehen müssen, einen tiefen inneren Sinn und eine nicht auslotbare Bedeutung.

Wenn wir über Mantras sprechen wollen, so müssen wir zwischen *bīja*-Mantras, reinen Mantras, gemischten Mantras und *Dhāranis* unterscheiden. Bei jeder dieser Formen handelt es sich um völlig verschiedene Dinge.

Sprechen wir zunächst einmal über *bīja*-Mantras. Ein *bīja*-Mantra ist von seinem Wesen her ein vorsprachlicher Laut, ja, vielleicht ein archetypischer Laut, der weder mit Wortbildung noch mit Formenlehre irgend etwas zu tun hat. Nehmen wir z.B. die *bījas OṂ ĀḤ HŪṂ HRĪḤ TRAṂ.* Alle diese Laute haben ganz offensichtlich keine eigentliche Bedeutung. Niemand kann sagen, was ein Klang wie *OṂ* oder *HŪṂ* „bedeutet“. Und dennoch können wir bestimmte Sinninhalte damit verbinden. Mit anderen Worten: jedes der sogenannten Keim-Mantras oder *bīja*-Mantras ist Ausdruck einer bestimmten Bewegungsrichtung. Wenn man z.B. *OṂ* intoniert und dann etwas All-Einschließendes, Universales, Rundes fühlt, wie in der Bewegung der Arme, die einen Kreis formen, dann ahnt man etwas von der Bewegungsrichtung dieses Lautes.

Doch kann man sehr leicht dadurch verwirrt werden, daß der Laut *OṂ* im Buddhismus und Hinduismus unterschiedlich eingesetzt wird. Im Hinduismus beispielsweise wurde dieser uralte und sehr schöne Laut in einer vage anmutenden Weise eingesetzt: Man kann ihn am Anfang eines Satzes oder Mantras gebrauchen, am Ende oder auch an irgendeiner anderen Stelle im Satz. Im Buddhismus dagegen hat er einen klar bestimmbaren Platz: *OṂ* kann man nur am Anfang, *HŪṂ* dagegen immer nur am Ende eines kombinierten Mantras gebrauchen. *OṂ* geht immer dem inneren Mantra vorweg, und *HŪṂ* beschließt es. Der Grund dafür ist, daß *OṂ* und *HŪṂ* zwei verschiedene Bewegungsrichtungen haben. Das *OṂ* stellt die alles beinhaltende universelle Ebene dar, das *HŪṂ* dagegen führt uns in die Tiefe unserer Herzen, oder anders ausgedrückt: von der universellen Ebene zur individuellen Ebene herab. Denn man kann das Universelle nur als Individuum erfahren. Deshalb ist Individualität ebenso wichtig wie die Erfahrung der Universalität. *OṂ* und *HŪṂ* in ihren sich gegenüberstehenden Stellungen sind dem Kontrapunkt in der Musik vergleichbar: das eine alleinschließend oben, und das andere in der Tiefe, wo sich unsere menschliche Erfahrung abspielt. Der Buddha brachte immer sehr deutlich zum Ausdruck, daß alle transzendenten Erfahrungen völlig nutzlos sind, wenn man sie nicht „erdet", d.h. umsetzt. Wenn wir daher das Universelle in uns erkennen wollen, das sich in unserem höchsten Zentrum als *OṂ* manifestiert, dann müssen wir es zunächst einmal in der Tiefe unserer Herzen erleben. Denn im Herzen ist der Ort unserer tiefsten Erfahrungen zu suchen.

Zwischen dem *OṂ* und dem *HŪṂ*, die gewissermaßen symbolisch eine Senkrechte bilden, haben wir eine Lautbewegung, die davon ganz verschieden ist, und die - um im Bilde zu bleiben - eine horizontale Bewegung beschreibt, und das ist das *ĀḤ*. Im *OṂ ĀḤ HŪṂ* drückt das *ĀḤ* vornehmlich die Qualität der Sprache, des Denkens, der Ideen und Vorstellungen aus, kurz gesagt, aller menschlichen Fähigkeiten, die kulturschaffend wirken. So wird das *ĀḤ* dem Zentrum der Sprache, dem Kehlzentrum, zugeordnet, und eben darum ist es im *OṂ ĀḤ HŪṂ* so wichtig, weil wir ohne Sprache, ohne Denken, ohne Ideen und Vorstellungen, ohne Worte und Begriffe nicht das ausdrücken können, was wir empfinden. Wir wären taub und stumm, wären ein Nichts. Und so wie das *OṂ* die universelle Ebene darstellt und das *HŪṂ* die menschliche - die Ebene der Erfahrung im menschlichen Herzen -, so ist das *ĀḤ* die „kulturelle" Ebene, die ein höheres Bewußtsein ermöglicht.

Doch darüber hinaus gibt es viele weitere *bīja*-Mantras, so beispielsweise jene, die den verschiedenen *Cakras* zugeteilt sind. In diesem Beziehungssystem ist das Mantra des Kehlkopf-*Cakras* das *bīja HRĪH*, das ansonsten *Amitābha*, dem Buddha des unendlichen Lichtes, dessen Stunde die der sinkenden Sonne ist, zugeteilt wird. So weist das Mantra *HRĪḤ* auf jenen Bereich des unendlichen Lichtes hin, der für das Licht des im menschlichen Geist voll entwickelten Bewußtseins steht. Denn wenn auch andere Lebewesen mehr oder weniger Bewußtsein besitzen, so unterscheidet sich ihr Bewußtsein von dem des Menschen dadurch, daß sie kein eigentliches „Selbst"-Bewußtsein besitzen, da sie sich nicht wie der Mensch ihres Bewußtseins bewußt werden können. Dies ist ein spezifisches Merkmal und Privileg des Menschen, wenn viele es auch wenig entwickelt haben. Deshalb erklärte auch der Buddha, daß Menschsein bzw. menschliche Geburt die bestmögliche aller Geburten sei, denn als Mensch kann man sich seines Tuns und Lassens bewußt sein und so verantwortlich handeln. Das aber bedeutet, daß nur ein menschliches Wesen sein eigenes Schicksal bestimmen kann.

Doch erschöpft sich mit dieser Erklärung die Bedeutung des bīja *HRĪH* nicht. Von besonderer Wichtigkeit ist, daß der Laut *HRĪḤ* eine aufsteigende Tendenz hat, nämlich vom *Cakra* der Sprache zum tausendblättrigen Lotus, dem *sahasrāra-Cakra*, und damit zum *OṂ*. Diese Aufwärtsbewegung ist eine Bewegung hin zum Licht, wobei der R-Laut im *HRĪḤ* auf das ihm innewohnende Feuerelement hinweist, dessen *bīja RAṂ* ist. Vielleicht ist es kein Zufall, daß auch im Altägyptischen das aufleuchtende Feuer der Sonne mit RA benannt wurde, und eben dieses RA finden wir auch im *bīja TRAṂ*, der Keimsilbe *Ratnasambhavas*, dessen Südposition im Maṇḍala die Zeit des hohen Mittags mit seiner Sonnenglut kennzeichnet. Wie alle *bīja* endet auch dieses *TRAṂ* in der indischen Devanagari-Schrift mit dem anusvāra, - einem Punkt, der den mantrischen Charakter einer Silbe deutlich macht. Dem RA vorgesetzt ist ein T, das auf Widerstand hinweist. So haben alle Teile eines *bīja* einen Sinn und weisen in ihrer Komplexität in eine bestimmte Richtung. Und um diese Komplexität vollkommen zu machen, ist jedes *bīja* im Buddhismus nicht nur mit einem bestimmten Klang, sondern auch mit einer bestimmten Farbe und Form verbunden. Wer nun in seiner meditativen Übung Klang, Farbe und Form nicht ganzheitlich erfassen kann, erfaßt und „begreift“ auch das Mantra nicht.

Viele meinen, daß der Gebrauch von Mantras nur eine reine Glaubensangelegenheit sei. Zweifellos setzt der Gebrauch von Mantras ein gewisses Vertrauen von vorneherein voraus. Aber wie können wir dieses Vertrauen entwickeln? Vertrauen entsteht nicht aus einem Nichts. Vertrauen setzt voraus, daß man das Etwas, in das man Vertrauen haben soll, gründlich kennt. Wenn man beispielsweise Vertrauen zu einem bestimmten Menschen hat, dann deshalb, weil man ihn kennt oder zu kennen glaubt. Und ebenso muß man wissen, was ein bestimmter mantrischer Laut bedeutet, in welche Richtung er weist und wofür er steht, bevor man Vertrauen in dieses spezifische Mantra setzen kann.

Der Buddhismus hat ein sehr klar ausgearbeitetes System mantrischer Laute und Formen entwickelt. In den Klöstern und ihren Bibliotheken findet man spezielle Bücher, in denen mehr oder weniger alle Mantras aufgezeichnet sind, wobei deren Beziehung zu bestimmten Gestalten tantrischer Visualisationen gleichzeitig dargestellt werden. Das aber heißt, daß man in dem Augenblick, in dem man ein bestimmtes Mantra spricht, zugleich vor seinem geistigen Auge die Gestalt, die Farbe, die Bewegung und die Geste erschauen muß, die mit ihm eine unauflösliche Ganzheit bilden. Damit aber haben wir uns das erarbeitet, was ich den „Hintergrund" der geistigen Arbeit mit Mantras nenne. Und wer diesen religiösen Hintergrund, aus dem ein bestimmtes Mantra erwuchs, nicht kennt, für den ist dieses Mantra ohne Bedeutung und damit ohne Wirkung: es ist bloß ein leerer Klang. Daher wage ich zu sagen, daß jemand, der Mantras lehrt, ohne den Hintergrund aufzuzeigen, der keine Einführung, keine wirkliche Initiation in dieses Mantra gibt, etwas vollkommen Sinnloses tut.

Nun gibt es Mantras, die neben den *bījas* andere mantrische Worte enthalten, welche zwischen *OṂ* und *HŪṂ* (oder zwischen *OṂ* und *SVĀHĀ*) gesetzt werden. Bekannt ist beispielsweise das berühmte *OṂ MANI PADME HŪṂ*. Formeln wie diese nennen wir „kombinierte" Mantras. Denn *OṂ* und *HŪṂ* sind *bījas*, d.h. Keim-Mantras, und die beiden Worte in der

Mitte sind übersetzbar, weil *MANI* und *PADMA* eine Wortbedeutung, oder richtiger, verschiedene Bedeutungen auf unterschiedlichen Ebenen haben. Wenn wir wörtlich übersetzen, so heißt *MANI PADME* „Juwel im Lotus". Aber wer oder was ist das Juwel? Wer oder was ist der Lotus? Das Juwel ist einerseits der Buddha, der Dharma und der Sangha, d.h. wir verbinden hier das Wort „Juwel" mit einem Sinn, der über den Sinn, den wir mit einem kostbaren Stein verbinden, hinausgeht. Das kostbare Juwel ist andererseits auch der Buddha als Verkörperung verwirklichter Erleuchtung, die als Potentialität unser innerstes Wesen ausmacht. Der *PADMA* steht für unsere geistige Mitte, unser „Herz". *PADME* ist ein Lokativ und bedeutet „im Lotus", d.h. im Herzen, wobei hier nicht unser physisches Herz gemeint ist, sondern unser innerstes geistiges Zentrum.

Man hat immer wieder versucht, dieses Mantra auf verschiedene Weise zu übersetzen, meist wenig geistreich. So übersetzte man das *OṂ* mit „Oh!" und *HŪṂ* mit „Amen". Die Mitte wurde mit „Juwel im Lotus" oder „der Tautropfen im Lotus" wiedergegeben. Derartige Übersetzungen aber sind wertlos und eine Sinnentstellung des Mantras. Unglücklicherweise haben Wissenschaftler überall in der Welt bis heute sich wenig um Mantras bemüht. Einige von ihnen erklärten sogar, daß Mantras „sinnloses Geschnatter" seien, das keiner ernsthaften Erwägung wert sei. So kam es, daß Indologen und Religionswissenschaftler, die sich mit Hinduismus und Buddhismus befaßten, diese

Mantras einfach übergingen, als ob sie keine Bedeutung hätten. Aber wenn man beispielsweise etwas mehr vom Leben in Tibet weiß, dann weiß man auch darum, wie tief Mantras im Gemüt der Menschen dort Wurzel geschlagen haben, so daß viele ihre Mantras selbst dann sprechen, wenn sie auf einer Reise sind oder gehen oder arbeiten. Bei jedem Schritt, den sie machen, wiederholen sie ihr Mantra in rhythmischer Form, um jenes spezifische Gefühl zu erhalten, das sie mit ihrer religiösen Übung oder ihrer spezifischen Schaubildentfaltung verbindet. Denn, um es noch einmal klar auszusprechen: das Mantra muß wiederholt werden, um die ständige Vergegenwärtigung der inneren Schau immer erneut zu bewirken, bzw. um diese jederzeit neu ins Bewußtsein zu rufen. Denn der Übende verbindet mit ihm unmittelbar die verschiedenen Gestalten der Buddhas und der mit ihnen verbundenen Weisheiten und fördert dadurch zu gleicher Zeit seine Aufmerksamkeit und Wachheit. In dem Augenblick aber, wenn die Wiederholung eines Mantras zu einem mechanischen Prozeß wird, wird das Mantra selbst sinnlos, wird ein leerer Klang.

In Tibet benutzt man als Konzentrationsmittel oft den *mani-khorlo*, fälschlich übersetzt mit „Gebetsmühle". Man bewegt ihn in Richtung der Sonnenbewegung, d.h. im Uhrzeigersinn. Man muß ihn ständig in Schwingung halten, denn in dem Augenblick, in dem die Gedanken sich auf irgend etwas anderes richten, kommt die Bewegung zum Stillstand. Daraus wird ersichtlich, daß die Benutzung des *mani-khorlo* nicht etwas Mechanisches ist: sie wird begleitet von einer Bewegung unseres Geistes und erinnert somit symbolisch an die erste Rede des Buddha im Gazellenhain, dem *dharmacakra-pravartāna*, dem „Inbewegungsetzen des Rades des Dharma".

Doch was ist nun dieser Dharma? Für den Buddha war der Dharma mehr als ein bloßes moralisch-religiöses Gesetz. Er beinhaltet zwar auch moralisch- ethische Verhaltensweisen entsprechend der Einsicht des einzelnen. Doch sah der Buddha im Dharma eine universale Gesetzmäßigkeit. Diese universale Gesetzmäßigkeit führt auf menschlicher Ebene zur Ethik, was nur dann möglich ist, wenn wir uns stets bewußt bleiben, daß jeder von uns das *dharmacakra* in sich selbst in Bewegung setzen muß, so wie es auch der Buddha tat. Nur dann werden wir uns in jener Richtung bewegen, die er uns als den Weg der Befreiung wies.

Im Buddhismus genügt es nicht zu meinen, daß der Buddha für uns das Rad der Lehre in Bewegung setzte und wir nur seine Worte rezitierend wiederholen müßten. Wenn das Rad der Lehre nicht in uns in Bewegung bleibt, dann war das, was der Buddha vor 2500 Jahren tat, umsonst.

Doch betrachten wir nun einmal ein gemischtes Mantra. Wir kennen solche gemischten Mantras unterschiedlicher Art, von denen einige sich auf bestimmte Aspekte der Buddhaheit oder auf spezifische Funktionen beziehen. Solche Funktionen können die der Energie, des Mitleids oder der erkennenden Weisheit sein, und für jeden dieser Aspekte gibt es ein spezifisches Mantra. Schon daraus wird ersichtlich, daß man Mantras nicht ohne Wissen ihres Hintergrundes wiederholen sollte. Wären Mantras nur vom Glauben abhängig, dann wäre *ein* Mantra ausreichend, um alle unsere Bedürfnisse für das ganze Leben zu befriedigen. Es bestünde dann keine Notwendigkeit für unterschiedliche Mantras. Das aber vergessen die meisten. Deshalb möchte ich noch einmal wiederholen: Wenn man die Richtung eines jeden einzelnen Mantras nicht kennt, noch die damit verbundene Visualisation, dann kann man dieses Mantra auch nicht gebrauchen.

Kommen wir nun zu den *Dhāraṇīs*. Was ist eigentlich eine *Dhāraṇī*? Oft verwechselt man sie mit Mantras, und viele glauben, daß sie dasselbe wären. *Dhāraṇīs* aber sind Formeln, die uns eine Konzentration und Fixierung unseres Geistes ermöglichen sollen. Anders ausgedrückt: Man benutzt eine *Dhāraṇī*, um den Geist auf etwas zu richten und um ihn auf diese Weise zunehmend zu konzentrieren. Nehmen wir als Beispiel eine der berühmtesten *Dhāraṇīs*, die als „Hundert-Silben-Mantra" bekannt wurde. Dieses Hundert-Silben-Mantra, ursprünglich angewandt auf *Vajrasattva*, wurde bald auch auf *Avalokiteśvara* und andere *Mahāsattvas* angewandt. An dem Beispiel dieser *Dhāraṇī* wird deutlich, worin sie sich von einem reinen Mantra unterscheidet: sie kann Wort für Wort übersetzt werden. Doch wenn man diese Übersetzung nicht kennt, so wird ihr Sprechen sinnlos. Und hier kommen nun

Fragen auf. In China beispielsweise, wo man kein Sanskrit kannte, wurden vor mehr als tausend Jahren einige dieser Sanskritformeln gelehrt. Aber langsam entarteten diese Mantras bzw. *Dhāraṇīs*, weil man deren Worte nicht mehr richtig aussprechen konnte noch um ihre Bedeutung wußte. So sanken diese Mantras und *Dhāraṇīs* zu einer Art Zaubersprüche herab, die im Verlauf der Zeit jeglichen Sinn verloren. Kein Chinese versteht sie heute mehr, sondern bindet nur sinnlose Silben zu einem Bündel zusammen. Er hat zwar großen Glauben an diese Formeln, weiß aber nicht mehr um ihren Sinn.

Nachfolgend will ich an einem Beispiel der Hundert-Silben-*Dhāraṇī* zeigen, wie eine solche Formel aus dem Sanskrit übersetzt werden kann. Denn gerade diese *Dhāraṇī* spielt in Tibet eine große Rolle. Doch auch hier wird sie von vielen Menschen rezitiert, ohne daß sie den wirklichen Sinn kennen. Ursprünglich wurden in Tibet die Sanskrit-Mantras richtig ausgesprochen. Und auch heute noch ist für den Kenner des Umschriftsystems vom Devanagari ins tibetische Alphabet die ursprüngliche Sanskritform wiederherstellbar. Wenn auch die heutige Aussprache vom Original verschieden ist, so kann man doch die ursprüngliche Bedeutung und Form erkennen. Wenn die Tibeter z.B. statt *padma peme*, statt *sattva satto* sprechen, ist das nicht weiter schlimm, wenn man weiß, wofür die Worte *peme* und *satto* stehen und was sie in ihrer Sanskritform bedeuten. Das aber widerlegt die Meinung all jener, die davon überzeugt sind, daß ein Mantra allein aufgrund seiner klanglichen Schwingungen wirksam sei. Denn, vom philologischen Standpunkt aus betrachtet, sprechen die Tibeter und die Völker des Fernen Ostens seit Jahrhunderten die Sanskritworte falsch aus und rissen die Sanskrit-Wortblöcke teilweise unverstanden auseinander. Und dennoch blieben die Mantras genauso wirksam wie dort, wo sie nach wie vor korrekt ausgesprochen werden. Das beweist, daß ein Mantra nicht allein aus Klangvibrationen besteht und aufgrund dieser klanglichen Schwingungen wirkt. Es sind vielmehr die Schwingungen unseres Geistes, die zählen. Unser Geist ist der Mittler zwischen dem Mantra und dessen Wirkung. Mit anderen Worten: Man muß die Energie eines Mantras in sich selbst erschaffen, um es wirkungsvoll aus sich zu entlassen. Aber wenn sich nichts im eigenen Innern rührt, dann hat ein Mantra keinen Effekt, und das ist der Grund, warum viele Menschen, die Mantras intonieren, niemals deren wandelnde Kraft erfahren.

Andererseits gibt es auch immer wieder Menschen, die meinen, daß sie mit einem Mantra auf magische Weise die Gesetze der Natur durchbrechen könnten. Aber kein Mantra kann jemals die Gesetze der Natur vergewaltigen. Mantras wirken immer in Übereinstimmung mit den Gesetzen der Natur. Nur sind diese Gesetze weit umfassender, als man im allgemeinen annimmt, und ein Mantra kann daher bewirken, daß gewisse Naturgesetze intensiviert werden, was aber nicht heißt, daß man sie außer Kraft setzt.

Doch kommen wir nun zu dem sogenannten Hundert-Silben-Mantra des *Vajrasattva*:

OṂ VAJRASATTVA SAMAYAṂ - ANUPĀLAYA
VAJRASATTVA TVEN OPATIṢṬHA: DṚTTHO
ME BHAVA
SUTOṢYO ME BHAVA
SUPOṢYO ME BHAVA
ANURAKTO ME BHAVA
SARVA SIDDHIṂ ME PRAYACCHA
SARVA KARMASU CA
ME CITTAM ŚREYAH KURU HŪṂ
HAHA HAHA HOH
BHAGAVAN SARVA TATHĀGATA VAJRA
MA ME MUÑCA
VAJRI BHAVA MAHĀSAMAYA - SATTVA ĀḤ!
ĀḤ!

Die Übersetzung ist folgende:

OṂ Vajrasattva, des Gelöbnisses Schutzherr!
Vajrasattva, durch deine Unterstützung:
standhaft laß mich werden!
Zufrieden laß mich werden (sein),
(nur) geringe Wünsche laß mich haben,
hingebungsvoll laß mich werden,
alle *siddhis* gib mir,
und in all (meinem) Wirken
mache meinen Geist befähigter, HŪṂ!
haha haha hoh!
Erhabener aller Tathāgata Diamant:
verlaß mich nicht.

Möge der Diamant, die Verkörperung
des Großen Gelöbnisses (verwirklicht) werden!
ĀḤ!

Wie wir sehen, ist eine sinnvolle Wort-für-Wort-Übersetzung der ganzen *Dhāraṇī* möglich, wodurch man über den Inhalt in jeder beliebigen Sprache meditieren kann. Man kann aber auch den Sanskrittext benutzen, wenn man dessen wortwörtliche Bedeutung kennt, um durch diese Sprache die Worte aus dem Alltäglichen herauszuheben.

Diese *Dhāraṇī*, die den Anfang des Weges charakterisiert und bei den ersten Schritten auf dem Pfade behilflich ist, hat viele Menschen über die Jahrtausende inspiriert. Aber sie kann nur inspirieren durch meditative Erarbeitung ihres Sinnes, der uns zum Handeln veranlaßt. Ohne Initiation in den Sinn und die Bedeutung der *Dhāraṇī*, ohne die dadurch erschlossene Richtung dieses Mantras und die daraus sich ergebende Schau *Vajrasattvas* bleibt auch diese *Dhāraṇī* ohne Leben.

Heute greifen Menschen häufig zu Büchern, die Mantras enthalten, und beginnen dann ohne rechtes Verständnis, diese zu rezitieren. Der Effekt ist gleich Null. Das Ganze ist ein sinnloses Unterfangen, weil die rezitierten Klänge kein Leben haben. Denn ein Mantra erwacht nur dann zum Leben, wenn es im Akt der Initiation von einem Guru gegeben wird, d.h. von jemandem, der unser persönlicher geistiger Lehrer ist und der uns zunächst die Bedeutung dieses Mantras erklärt: den Hintergrund, gegen den es zu sehen ist, die Faktoren, mit denen es eng verknüpft ist, wie z.B. Farben, Schaubilder, Mudrās usf. Und nur, wenn diese Grundlage geschaffen wurde, kann das Mantra als Schlußpunkt einer Initiation übermittelt werden. Das heißt aber, daß man nur dann eine wirkliche Initiation erhalten kann, wenn man vorher ein ausreichendes Studium der zugrundeliegenden Fakten auf sich genommen hat. Das Mantra, das bei der Initiation gegeben wird, wird zum lebensbegleitenden „Wurzelmantra“ des Initiierten. Es verbindet ihn mit seinem Initiator durch das ganze Leben. Denn immer, wenn man dieses Mantra ausspricht, wird man seinen Guru vor sich sehen und in seiner Gegenwart sein, wodurch man fähig ist, jene große Inspiration immer erneut zu erfahren, die er keimhaft anlegte, als er damals seinen *Cela* am Zustand der eigenen Vollkommenheit teilhaben ließ. Und so wird diesem immer erneut die Richtung bewußt, in die er gehen muß: er weiß um sein Ziel, von dem er damals einen Vorgeschmack erhielt, so daß er kein blinder Jünger ist.

Ich erwähnte schon einmal das Mantra des Guru Padmasambhava: *OṂ ĀḤ HŪṂ VAJRA GURU PADMA SIDDHI HŪṂ*. Dieses Mantra ist klar definierbar. Wir haben im Devanagari - wie im tibetischen Alphabet - die drei Wort-Symbol-Blöcke für *OṂ ĀḤ HŪṂ*, die als *bīja*-Mantras die universelle Ebene, die kulturelle oder ideale Ebene und die menschliche Ebene darstellen. Nur dann, wenn man diese drei Ebenen erkannt und verwirklicht hat, dringt man zur

Erkenntnis des *Vajra*-Gurus vor. Das Wort *VAJRA GURU* hat eine besondere Bedeutung. Es ist der Ur-Guru, der klar leuchtend, von diamantener Härte, durchlässig und zugleich rein ist wie ein Diamant. Das *PADMA SIDDHI HŪṂ* weist auf das hin, was man zu erfüllen und zu vollenden hat, denn *SIDDHI* bedeutet Vollendung, Meisterschaft, und *PADMA* weist auf das Herz-*Cakra* in unserer eigenen Mitte hin, dem Ort, wo sich die große Wandlung vollzieht. Damit haben wir uns die Bedeutung der einzelnen mantrischen Worte erarbeitet und können sie nun in ihrem Gesamtzusammenhang meditativ mehr und mehr in ihrer Ganzheit erleben.

Die gleiche mantrische Vorarbeit ist zu leisten, wenn wir mit einem Maṇḍala arbeiten. Wir sprachen bereits in vorangegangenen Lektionen darüber, daß die vier Himmelsrichtungen vier verschiedene Farben aufweisen um die ebenfalls farbig gestaltete Mitte. Darüber hinaus ist jeder Himmelsrichtung ein Mantra zugeteilt. So werden beispielsweise im Maṇḍala der *Dhyāni*-Buddhas die vier Himmelsrichtungen im Uhrzeigersinn vom Osten zum Norden durch die *bījas HŪṂ TRAṂ HRĪḤ ĀḤ* charakterisiert und die Mitte durch das *bīja OṂ*. Rezitiert man nun die Mantras im Zusammenhang mit einem Maṇḍala, so weiß man, was man in diesem Augenblick zu visualisieren hat. So wird mit *HŪṂ Akṣobhya* visualisiert, der im Osten seinen Platz hat, mit *TRAṂ Ratnasambhava* im Süden usf. Im Zentrum des Maṇḍala aber residiert *Vairocana*, der die Weisheit aller Buddhas in sich verkörpert und daher durch den universellen Laut *OṂ* manifestiert wird. Die verschiedenen Buddhas der Himmelsrichtungen aber repräsentieren verschiedene Aspekte unseres eigenen Bewußtseins. So ist der Buddha *Akṣobhya* im Osten, wo die Sonne aufgeht, die gestalthafte Verkörperung der ersten Stufe unseres noch reflektiven Denkens. Er wird charakterisiert durch einen Spiegel und einen *Vajra* und strahlt ein weißes Licht aus, das von seiner blauen Gestalt emaniert wird. Was aber heißt das? Wenn man in das Maṇḍala eintritt, muß man die Welt zunächst wie Bilder in einem Spiegel sehen. Man erkennt Weltsein darin, wie es ist: vergangen, gegenwärtig und zukünftig in einem ständigen Werde- und Wandlungsprozeß und erkennt sein eigenes Eingebettetsein im Werdensstrom dieser Welt, in der wir alle leben. Und nur dann, wenn wir es gewagt haben, die Welt der Wirklichkeit entsprechend zu sehen, können wir mit anderen Wesen denken und fühlen. So macht uns die Ostposition, in der unsere geistige Haltung durch die Erdberührungsgeste *(bhūmi-sparśa-mudrā)* charakterisiert ist, bewußt, daß unsere Wurzeln fest mit dieser Erde verbunden sind und daß wir die Erde als die eigene Vergangenheit sehen lernen müssen. In dem Augenblick aber, in dem man sich selbst und die Welt, in der man lebt, „sehend" erkennt, kann man an andere Wesen denken. Dann aber wendet sich der Spiegel der Hand, in dem wir uns selbst betrachten, wie von selbst nach außen: wir wenden uns ganz den anderen zu. Dabei bleibt man sich zwar auch weiterhin seiner selbst bewußt, ist aber nicht mehr ichzentriert, kreist nicht mehr um sich selbst. Dreht man die Handfläche nach außen, so ist dies eine Geste des Gebens und deutet an, daß man eine Kommunikation mit der Welt eingeht oder richtiger: daß man sich selbst der Welt gibt. Dies ist der Sinn der *dāna-mudrā*, der Gebegeste.

Wenn man sich aber in Kommunikation mit anderen Wesen ganz gibt, erschaut man die essentielle Gleichheit aller Wesen, beginnt aber zugleich auch, ihre Unterschiedlichkeit zu verstehen und zu schätzen. Man will dann Unterschiede nicht mehr aufheben, sondern erkennt das Göttliche, das jedem Individuum zugrunde liegt und das sich in dessen spezifischen Sonderheiten und Ausdrucksweisen manifestiert. Indem man aber die Unterschiedlichkeit anerkennt, will man andere nicht mehr sich selbst gleichmachen, sondern erkennt in der Fülle der Erscheinungsformen die Größe des Lebens. Dies drückt sich in der Geste der Meditation aus, in der *dhyāna-mudrā* des *Amitābha*.

Der Buddha der Nordposition, *Amoghasiddhi*, ist charakterisiert durch die Geste der Furchtlosigkeit, der *abhāya-mudrā*. Hier ist die Gebegeste auf die Höhe des Herzens gehoben. Das aber bedeutet, daß wir jetzt auf eine höhere Ebene gelangt sind, wo wir uns über die Welt erhoben haben und in ihr wirkend sie segnen, wobei jedes Gefühl der Furcht von uns abgefallen ist. Furcht aber kann nur überwunden werden durch Mitleid: unser Handeln wird sich von nun an auf Mitleid gründen und nicht mehr auf Selbstbezogenheit. Nur ein solches Handeln ist karmafrei, und daher drückt die Geste zugleich die Weisheit aus, durch die alle Werke vollendet werden.

So kommen wir langsam dem Zentrum immer näher, wo uns das reine Licht der Buddhaschaft leuchtet, das Licht des *dharmakāya*. Anders ausgedrückt: Buddhaschaft ist allein in der Realisation all jener Eigenschaften zu finden, die in ihrer Gesamtheit die Fülle des Maṇḍala ausmachen. Diese zentrale Weisheit, die sich in *Vairocana* verkörpert, ist nicht unmittelbar erfahrbar. Schritt für Schritt müssen wir ihr näherkommen, indem wir anfangs zunächst zwischen unterschiedlichen Eigenschaften unterscheiden lernen, um am Ende die Ganzheit in ihrer Verschmelzung der Gegensätze zu erleben. Darum umschreiten wir kreisförmig im Sonnenlauf die Mitte: ohne die vorangegangene volle Erfahrung der Peripherie ist das Zentrum nicht faßbar. So umkreisen wir die Mitte wieder und wieder, wobei wir uns spiralig dem Zentrum nähern, bis wir uns ganz mit ihm vereinen können. Ich nenne dies die symphonische Bewegung der Meditation. Und Meditation ist wirklich eine Art Symphonie, in der vier Motive in Variationen immer neu erarbeitet werden. Das erste Leitmotiv ist die Weisheit des Großen Spiegels, das zweite die Weisheit von der essentiellen Gleichheit aller Wesen, das dritte die unterscheidende, schauende Weisheit der Meditation, die da besagt, daß Meditation nicht einfach ein Zustand ist, in dem man ohne Unterscheidung sich in jedem und allem auflöst, sondern daß es vielmehr hier zum Erkennen der Unterschiede kommt, die immer da sind, und daß man seine eigenen Vorstellungen nicht mehr auf andere Existenzformen überträgt. Man erkennt, daß jedes Wesen ein besonderer und einmaliger Ausdruck des Ganzen ist, und wenn wir schließlich durch die unterscheidende Weisheit hindurchgegangen sind, gelangen wir zur Weisheit, die alle Werke vollendet: der Haltung des Mitleidens. Wenn wir jedoch Mitleid zu allen Wesen und für die ganze Welt voll entwickelt haben, dann nähern wir uns schließlich der *dharma-dhātu*-Weisheit und damit der Vollendung unseres Weges zur Buddhaschaft zum Wohle aller Wesen.

Terminologie und Register

Dharma-Begriffe

SANSKRIT	TIBETISCH	DEUTSCH
triratna	dkon-mchog-gsum	Drei Juwelen
Buddha	sangs-rgyas	Der Erleuchtete
Dharma	chos	Die Lehre
Sangha	dge-'dun	Die erleuchtete Gemeinschaft
triyana	thegs-pa-gsum	Drei Fahrzeuge
śravakayana	nyan-thos-kyi-theg-pa	Fahrzeug der Hörer
pratyeka-buddhayana	rang-sangs-rgyas-kyi-theg-pa	Fahrzeug der Einzelerleuchteten
bodhisattvayana	byang-chub-sems-dpa'i-theg-pa	Fahrzeug der Bodhisattvas
caturayasatya	'phas-pa'i-bden-pa-bzhi	Vier EdleWahrheiten
dhukha	sdug-bsngal	Leiden
samudaya	kun-'byung-ba	Entstehen des Leidens
nirodha	gog-pa	Befreiung vom Leiden
marga	lam	der zurBefreiung vom Leiden führende Pfad

SANSKRIT	TIBETISCH	DEUTSCH
apramana	tshad-med-pa-bzhi	Vier Unermeß-lichen
maitrī	byams-pa	Liebe
karuṇā	thugs-rje	Mitempfinden
muditā	dga'-ba	Freude
upekṣā	btang-snyoms	Gleichmut
astaṅga-aryamarga	'phags-pa'i-lam-yan-lag-brgyad-pa	Edle Achtfache Pfad
samyag-dṛṣṭi	yang-dag-pa'i-lta-ba	Vollkommene Erkenntnis
samyak-samkalpa	yang-dag-pa'i-rtong-pa	Vollkommene Absicht
samyak-vāk	yang-dag-pa'i-ngag	Vollkommene Rede
samyak-karmanta	yang-dag-pa'i-las-kyi-mtha	Vollkommenes Handeln
samyak-ajiva	yang-dag-pa'i-'tsho-ba	Vollkommene Lebensführung
samyag-vyayama	yang-dag-pa'i-rtsol-ba	Vollkommenes Bemühen
samyak-smṛti	yang-dag-pa'i-dran-pa	Vollkommene Achtsamkeit
samyak-samādhi	yang-dag-pa'i-ting-nge-'dzin	Vollkommene Sammlung
pratītyasamutpāda nidana	rten-'brel-yan-lag-bcu-gnyis	Zwölf Glieder der Kette des bedingten Entstehens
avidyā	ma-rig-pa	Unwissenheit

SANSKRIT	TIBETISCH	DEUTSCH
saṃskāra	'du-byed	karmische Bilde-kräfte
vijñāna	rnam-par-shes-pa	Bewußtsein
nāmarūpa	ming-dang-gzugs	Name und Form
ṣaḍāyatanani	skye-mched-drug	sechs Sinne
sparśa	reg-pa	Kontakt
vedanā	tshor-ba	Gefühl
tṛsna	sred-pa	Verlagen
upādāna	nye-bar-len-pa	Ergreifen
bhava	srid-pa	Existenz
jāti	skye-ba	Geburt
jarāmaraṇa	rga-shi	Alter und Tod

Register

Weitere Bücher von Dharma Publishing Deutschland

Tarthang Tulku: *Befreiendes Wissen - Zeit zur Veränderung*
Eine Vision menschlicher Freiheit und eine herausfordernde Reise in unsere Bewußtheit, die die in uns liegenden unbegrenzten Fähigkeiten zu Wissen wachruft. „Ein meisterhaftes Buch der Synthese von Herz und Verstand".
(Prof. *Michael von Brück*) Münster 1992, 390 Seiten, DM 39,80.

Tarthang Tulku: *Offene Bewußtheit*
Meditation als ein Weg, unser Bewußtsein dem Reichtum der Erfahrung zu öffnen. Ein praktischer Zugang, um Bewußtheit zu entwickeln, die Grenzen unseres Selbstbildes zu überwinden, Konzentration zu stärken und unsere Lebensweise heilsam zu ändern. Münster 1992, 194 Seiten, DM 25,90.

Padmasambhava: *Die Legende vom großen Stupa*
Die legendäre Entstehungsgeschichte des großen Stupa bei Kathmandu in Nepal handelt von Inkarnation, Hingabe, Niedergang und Neubeginn. Eine Terma-Schrift von Padmasambhava an Yeshe Tsogyal.
Münster 1993, 75 Seiten, DM 22,00.

Reihe *„Jataka Geschichten für Kinder erzählt"*
Die Jataka Geschichten haben ihren Ursprung in jahrtausendealten Erzählungen Asiens. Als Tierfabeln zeigen sie, wie die Kraft von Mitgefühl und Weisheit jede Situation verändern kann. Für Kinder von 3-8 Jahren. Mit Seiten zum Ausmalen.

Das kleine Kaninchen und die Angst
Die Angst eines Kaninchens bringt viele Tiere in Gefahr, bis sie ein weiser Löwe rettet. 26 Seiten, broschiert, DM 18,50

Gute Freunde sind viel wert
Eine Falkenfamilie lernt den Wert der Freundschaft kennen.
28 Seiten, broschiert, DM 18,50

Der Papagei und der Feigenbaum
Ein Papagei wird in seiner Treue zu einem Feigenbaum auf die Probe gestellt.
28 Seiten, broschiert, DM 18,50, gebunden DM 28,50.